U0141947

追求和諧

唐先田著

文學叢刊

文史哲出版社印行

國家圖書館出版品預行編目資料

追求和諧 / 唐先田著. -- 初版. -- 臺北市：文
史哲, 民 89
　　面：　公分 - （文學叢刊；104）
　　ISBN 957-549-264-1 (平裝)

855　　　　　　　　　　　　　　89001418

文學叢刊　⑩④

追 求 和 諧

著　　者：唐　　先　　田
出版者：文　史　哲　出　版　社
登記證字號：行政院新聞局版臺業字五三三七號
發行人：彭　　正　　雄
發行所：文　史　哲　出　版　社
印刷者：文　史　哲　出　版　社
　　臺北市羅斯福路一段七十二巷四號
　　郵政劃撥帳號：一六一八〇一七五
　　電話 886-2-23511028・傳眞 886-2-23965656

實價新臺幣.三二〇元

中 華 民 國 八 十 九 年 二 月 初 版

題 記

　　《追求和諧》是這本雜文隨筆集裡的一篇極短的文字。我之所以選定它為這本集子的書名，也不是這篇短文有什麼奇特之處，只是我常常感到「和諧」這兩個字對於人生太重要了，總之人是處於一種不和諧的無奈之中去求得生存的。人與人的不和諧，同事、親友、兄弟姐妹、父子、夫妻以至戀人，矛盾、爭端處處可見，人與自然的不和諧，是全球所面臨的難題，還有人與單位的不和諧，單位與單位的不和諧，也鬧得人心煩意亂，國家與國家之間的不和諧，更是兵刃相向、刀光劍影、鮮血淋漓。不和諧真乃人生最大的災難！所以，人人都嚮往和諧，祈求和諧，企望在和諧中求得平靜與安寧。協調、理解、溝通、文明進步，人們漸次地走近和諧。

　　然而，和諧是相對的，不和諧是絕對的。

　　然而，我們有理由希望，相對的和諧多一些，絕對的不和諧少一些，這應當說不是什麼奢望。

　　因此，我們追求和諧！

一九九九年八月三十一日

追求和諧
目　錄

有感於孔夫子名列第一

　　1984年，美國出版的《人民年鑑手冊》列出世界十大思想家，孔夫子名列第一，其他的還有柏拉圖、亞里士多德、阿奎那、哥白尼、培根、牛頓、達爾文、伏爾泰、康德。孔夫子名列十位先哲之首，當然是中華民族的光榮。五千年文化古國在世界思想文化史上有著不可磨滅的光輝，這是毋庸置疑的。

　　但細細思索起來，卻又令人有些酸楚。孔夫子在中國雖然是婦孺皆知、極有影響的人物，也曾有過「至聖先師」的榮耀，但他身後終究不景氣。在封建社會中，孔夫子固然常常被頂禮膜拜，但大抵是把他作爲敲門磚，從他的思想縫隙裡去窺視那紅色的、藍色的頂子，用他的旗號去摧殘、虐殺人，而且讓人死而無怨。儘管民間確然有尊師重道的古風，對他表示了由衷的虔誠，上流社會卻是師之不存、道之不存的。及至「五四」運動，「打倒孔家店」的口號又震天價響，而且這口號的誤導作用至今也沒有徹底消除，因爲有些對孔夫子還在將信將疑。至於孔家店裡有哪些貨色，這些貨色是否眞的該一古腦兒打倒，似也沒有認眞地去考究。到了十年「文革」年間，孔夫子更是和所有識幾個字的後代子孫一起，被打入十八層地獄的最底層了。毛澤東先生說過的從孔夫子到孫中山先生都要繼承的話，那時一句也頂不了萬分之一句了。

　　國運興，文運也興。大凡思想文化遭受踐踏之時，也正是國家民族坎坷曲折、災難重重之日。漫長的封建社會戰爭不斷，難

得安寧，「不見年年遼海上，文章何處哭秋風」的景觀就不必說了；1949年後，政治運動一個接著一個，階級鬥爭一刻也不停息，知識無用，教育貶值，老九倒霉，孔夫子哪還有好日子過？所以，想來想去，孔夫子的落魄，問題主要怕還是出在教育觀點上。他不是主張「有教無類」、「學而不厭，誨人不倦」、「三人行必有我師」嗎？他不是中國開天闢地的大教育家嗎？恰恰教育在中國不行時，因此他也就只能是成為供人嘲笑的對象。這實在有些可悲！

近來，人們又越來越多地提到了孔夫子。國運既興，文運也一定會興，思想、文化、教育是日漸受到重視了。不過，我又有點耽心，耽心又會把孔夫子作為時尚的點綴，不是曾經火熱地議論過孔子是輕商還是重商嗎？重商論者不是還找出種種論據，說他的大弟子子貢就是大商業家嗎？作為孔子思想的一個組成部分，進行學術探討自然無可厚非，但煞有介事地從他老先生那裡去尋求我們今天某些政策的制定依據，恐怕就未必妥當。

從美國的一本書上提到孔夫子而引出這麼多話來，並非去拾洋人的牙慧。誰能說將孔夫子名列這許多先哲之首，不是美國人看重孔子的教育思想和教育實踐呢？其實這個問題中國人也是看到了的，只是沒有外國人看得那麼認真罷了。中國人是著眼狀元、榜眼、探花看教育，八股做得多，開科取士成百茬，可是四大發明卻只能在別的國度開花結果。於是中國這塊肥肉，老是挨別人的刀俎了。痛定思痛，吃虧的原因之一也還是在不重視教育上。從口頭上講，沒有一個人不說教育重要，但要落在實處，卻又是另一回事，因為建學校，培養合格師資，實在是一件很繁重艱難的事，辦教育碰到困難，看看孔夫子是怎麼說的怎麼做的，或許不無裨益吧！ 　　　　　　　　　　　　　　　　　1985.3

「硬乞」遺風

　　舊社會鬧飢荒，災民成幫結伙地流浪乞討，老人們說，這叫「起俟」。大戶人家怕乞丐們人多勢眾不好惹，只得勉強打發一下算了。想不到要飯還有如此的學問。後來讀到《詩・小雅・吉日》「儦儦俟俟，或群或友」句，才知道這「起俟」竟是典籍早有記載的；至於「丐幫」與「起俟」有何聯繫，則不得而知了。

　　近日讀到劉心武的長篇小說《鐘鼓樓》，又懂得了討飯不僅有學問，而且行當也齊全，可以分為「軟乞」、「硬乞」、「花乞」、「慘乞」之類。「軟乞」無非苦苦哀求，「花乞」則憑借一點低劣的雜藝，「慘乞」因為殘廢而令人同情，獨獨那「硬乞」則對嚇唬人的心理頗有講究。「硬乞」者多為青壯男子，到得門口，並不聲言，只是做出一些殘害自己的恐怖情狀，或當眾把一枚長釘插入頭部某個肉疙瘩中，用磚頭擊砸，鮮血迸流；或將鐵鉤剜入鎖骨，再拖上一條鐵鏈，鐵鏈尾部還綴上一個鐵球，拖著行走，擊地噹噹有聲；或用磚塊不斷擊砸袒露的胸部，使之紅腫見血等等。如此淒厲可怖，誰都目不忍睹，所以儘量滿足「硬乞」者的要求，打發儘快走路。這雖是小說家描寫的市井風情，卻是舊社會的悲慘寫照。

　　世事不斷更替更新，變來變去，「硬乞」現在似乎是沒有了，但「硬乞」遺風卻並未絕跡，而且花樣有所翻新。記得一部電影裡便有這樣的一個鏡頭：兒子找母親要一大筆錢，母親稍微給少了一點，兒子便用鋒利的尖刀當著母親的面將手腕的血管切開，

立即鮮血淋漓，待到篩糠也似的母親將儲蓄存摺遞給了他，才包紮一番揚長而去。這個兒子當然已是墜入了小痞子一流了，但他的行徑和過去的「硬乞」比較起來，則是有過之而無不及的。

如果說這個痞子的勾當，還屬於家庭內部事務，那麼，「硬乞」行為在當前社會風氣中也不乏其例。報載，某日北京有一輛牌號為「31—25415」的轎車去邢台，司機主動出面招徠生意，順便帶了三人，出發前講好每人收費十元，沒想到車子開出四五十公里後，嘎然停住，司機要「每人再交十元」，否則便將這三人扔下不管。這種低劣的敲詐勒索，真是比「硬乞」還要「硬乞」。不僅如此，在現實生活中，以「硬乞」為榮，且到處炫耀者也不罕見，在提職、晉級中死乞白賴、軟硬兼施者有的是。不給當什麼什麼長，便不幹、便躺倒、便投繯，各盡其態，全然不顧什麼「體統」；或聽到有出國的消息，即使與工作、業務毫無關係，也到處鑽營營告，千方百計擠進「考察」之行列。最可悲的是還有「官乞」，不是有「傍大款」一說嗎？誰個有錢，周圍便擁著一大幫子人，三教九流，都想從這大款身上討點油水，一些黨政官員甚至要員，也在其列，他們不顧場合不顧身份也不顧原則，給大款說些廉價的吹捧阿諛的話，無非是想大款給他以捐贈或資助，而這捐贈或資助又不是為辦公益事業，而是為他個人辦私事。

「官乞」「傍大款」的另一面便是攤派，利用職權向農民向企業強行要錢，害得企業和農民叫苦不迭。如此種種，還不是「硬乞」在現代的翻版麼！

舊社會的「硬乞」是一種可憐的謀生術，並不傷天害理，而現今的「硬乞」遺風卻是極能玷污黨風、民風和社會風氣的。領導者們的變相「硬乞」，是一種盤剝和壓榨，直接危害了社會和人民，值得認真思索。

1985.7

「候鳥」化「蝗蟲」

　　候鳥南遷北徙，爲的是繁衍生息，於生態平衡有益，所以常常贏得人們的感情共鳴，「雁南飛」引起縷縷惆悵，「燕歸來」又帶來多少喜悅。

　　在社會生活中，我們也發現了這樣的「候鳥」。他們隨時序的變化，專門在名山勝地舉行各種形色的會議，夏天青島、廬山、哈爾濱，冬天廣州、桂林、昆明，還有黃山、秦岳、峨嵋、西子、太湖，眞是「四時之景不同，而樂亦無窮也」。各種名目的區域性協作會、交流會、講習會、訂貨會、年會、例會……今年甲地，明年乙地，輪流坐莊，互相攀比，東道主盛情相邀，熱情導遊，極盡地主之誼；各方與會「客人」也當仁不讓，樂得賞心悅目，一飽眼福。反正不用自己掏一分錢，何樂而不遊？而且這群「候鳥」不僅自己南遷北徙，有的甚至攜家帶眷，邀親約友，「雪球」愈滾愈大，「戰線」越拉越長，雖遊興甚酣，風流不盡，其如政治影響何？其如經濟耗費何？

　　「候鳥」之會，並非全無內容和必要，可懷疑的是爲什麼一定必須在名山勝地召開。物資供應之緊張，交通條件之艱難，乃至當地黨政、企業、事業單位之壓力，他們自然是不考慮的。前不久，一個會議在某避暑勝地召開，會議一開始便忙著「參觀訪問」，自始至終並未安排什麼緊要日程，只是把現成的書面材料分發給與會者了事。難怪有人批評說，如果只是爲了來領幾份材料，還不如主辦單位花幾個郵費將材料分寄一下便當。這位批評

者哪裡知道,「候鳥」開會之意不在會,在乎山水之間也。

　　「候鳥會議」要玩得好,還要吃得好,所以每有「候鳥」降臨,負責接待的人們便暗暗叫苦:「蝗蟲來了!」這幫「蝗蟲」貪饞而刁乖,每至一處,必擇其甘肥而啖之,今年五月份上海「經濟區電子技術信息交易會」的一次冷餐會,花費達三萬多元,參加吃喝者一千二百餘人,而且張牙舞爪,喪盡斯文,饕餮之狀令人駭然。主辦單位和人民群眾對於這幫「蝗蟲」,曾屢屢提出忠告,要他們耽心「好吃不好吐」。可他們每每以未要國家撥款為借口,照吃不誤,大有「蓋聚物之夭美,以養吾之老饕」之概。其實國家撥款也罷,單位「自籌」也罷,揮霍的無一不是人民的血汗。

　　「候鳥」相聚,化而為蝗,雖還說不上遮天蔽日,卻已使人怵目驚心,蝗災既起,單靠被動的防範是遠遠不能奏效的,必須造成輿論,才能使其有所收歛。像對「上海經濟區電子技術信息交易會」的冷餐會,將其饕餮情狀披露於報端,讓其醜態畢現,像陝西公路局黨委副書記劉愚平那樣打著「企業整頓驗收團」的旗號,到處「吃、喝、拿」的大「蝗蟲」,就毫不留情地撤他的職,決不心慈手軟,只有這樣,「候鳥」與「蝗蟲」才有可能慢慢地減少。

1985.9

「超豪華」裡說國憂

　　時下，在公路上、街道上，在賓館的停車場，常常可以看到一種精巧靈便的臥車迎著陽光灼灼生輝，稱之為「豪華」或「超豪華」。設座舒適，有電子音樂和空調，有的還配有冰箱。這勞什子也的確值錢，從外洋買得來，平價、議價，幾十萬、上百萬不等，雖然昂貴，依然行銷，要得到它，還得走點門子哩！

　　這麼貴重的東西，按理說應該稱讚。可是怪得很，在現實生活中卻是少數人垂涎，大多數人側目。或許是這勞什子的名字取得不好，「豪華」、「超豪華」，與我們的傳統有悖，在我們的字典和思想意識裡，大約都不無貶義，過去不是我們的國粹，今日也不是我們的民族精神，中華民族是崇尚簡樸和勤奮的。雖說我們的觀念要不斷地更新、轉換，我們要共同富裕不要大家貧窮，我們要小康、大康而不要都去喝清水湯，但也不至於立即轉換成少數人的「豪華」、「超豪華」的享受。原因很簡單，我們還有百分之二十的農民兄弟溫飽尚很艱難，還有不少娃娃坐在泥凳子上、趴在泥桌子上聽課、寫作業，國家財力並不怎麼豐厚，要辦的事還多得很，民要慈厚父母，國要分憂良臣，豈能躺在彈性良好的軟臥上悠哉遊哉地去做「太平官」？

　　或許有人要批評筆者太機械，坐「豪華」車難道便不能辦大事、建設四化麼！當然不能如此簡單武斷。「豪華」不能說完全不需要，只是何必「豪華」、「超豪華」遍地跑，北京牌、上海牌用一邊呢，有的是要吃財政補貼，有的地方辦文教事業無法擠

出一點錢來，卻也爭購這種「豪華」車。再說，這種「豪華」車能鑽山溝、下田頭嗎？你又如何去體察民情，如何去和他們息息相通呢？「豪華」車裡說國憂，國要分憂你無憂。但願這種金貴的勞什子不要成為我們一些同志的思想麻痺劑和精神腐蝕劑，如果能由此而引出一點教訓，多多來思索我們的光明中尚有艱難的國計民生，則是國之大幸，民之大幸！

1985.10

從洋豆腐之類說到奴性

　　豆腐，在中國可以說無人不知，很少有人沒吃過。豆腐是否我們的祖先所獨創尚未考證，但說它源遠流長卻是一點也不過分的。「八公山豆腐」細嫩潔白，聞名於淮河兩岸，「采石茶乾」色香俱佳，乃饋贈親友的地方名點；鳳陽的「釀豆腐」傳說大得朱元璋賞識，據云該縣某公僑居紐約，以經營「釀豆腐」而頗有名氣。僅安徽關於豆腐的佳話便有這三端，全國各地有關豆腐的做法、吃法，大約是不可勝數了。

　　然而，不知何時起，有人對吃自家的豆腐有些不滿足了，想嘗嘗「洋豆腐」的滋味，這也難怪，世界大得很，如果認為「豆腐自家的好」，未免有井蛙之嫌；嘗一嘗，比一比，採人之長，補己之短，也無可非議。但據云某地並不屑於比較，便引進了洋設備，製作起「洋豆腐」來。這「洋豆腐」供應市場之後，顧客寥寥、生意清淡。究其原因，乃是由於價格昂貴。袋裝或盒裝不足一斤的四百克「洋豆腐」，成本在四角左右，再加上利潤，於尋常收入的人家，就難免有點咋舌了；且洋設備生產的「洋豆腐」，質量並不見佳，二十四小時後，便變成了一泡水。「洋豆腐」價格昂貴的另一原因，是因為她的「陪嫁」——包裝袋和包裝盒也要進口。如此一來，這條花了一百六十萬元人民幣引進的「洋豆腐」生產線，只得被迫停產，成為一大「累贅」和談資了。

　　我們自家有些地方，豆腐常常供不應求，吃豆腐難，需要從產銷各個環節加以改進，這是事實。但這改進的辦法是否唯有兩

眼向「洋」，才能解決？前兩年「王崇倫抓豆腐」的美談不是家喻戶曉，爲那些主婦、主夫們津津樂道嗎！作爲哈爾濱市的副市長，王崇倫抓豆腐的生產和供應，立足點和出發點是關心市民的飲食起居，而且稍一認眞去做便立見效果。不知王崇倫抓豆腐的事兒是否還爲各地的「父母官」和副食品廠、店的經理們所記得？或許他們以爲豆腐是小事一椿，或許他們也以爲「一洋解百愁」！

由「洋豆腐」我想到了游標卡尺。——這本是陝西勉縣國營硬質合金工具廠的產品，早已馳名中外，曾向美、英、法和聯邦德國出口五萬多把。然而西安某廠卻偏偏捨近求遠，要從英國進口。使人啼笑皆非的是，拆開包裝一看，「進口」的游標卡尺還是勉縣的產品，只是英國客商重新——包裝一轉手，以高於原價七倍的價格賣給了我們。明知上當，也無可奈何。西安與勉縣同屬陝西，未必不知勉縣能生產這種精密度較高的量具，知道了還要盯著國外，而且演出了這樣一幕諷刺劇，令人驚訝而又痛心。

改變以往閉關鎖國、唯我獨尊的局面，是改革的必然，但以爲一切都是外國的好，也使人爲之齒冷。前不久，聽說某賓館的飲食起居一應用具都從外國進口，而且大肆宣傳、引爲榮耀，這種時髦的愚昧實在使人困惑。我們不是常常派出名目繁多的考察團出國考察麼？他們花了國家的外匯、吃了人民的補貼，有的還抱回了不少的洋玩意兒，難道他們眞的只是「漂洋過海兜兜風」麼？不然，爲什麼連「洋豆腐」、游標卡尺是否應該進口的事兒都未考察清楚呢？也聽說有人爲某些國外奸商當「二拐」，得到一筆「酬勞」之後，不管次貨、假貨和一應破爛，都閉著眼睛簽訂合同，爲之傾銷。這種「進口癮」的病根，恐怕還是那個遷延了上百年的痼疾——奴性和自私在作怪。

1985.10

想起了歷史上的兩個人

　　常常接到朋友來信，聽說現在的知識份子政策雖好，但他所在的那個單位，卻是領導不信任，同事又猜忌，心情鬱悶，難以發揮作用。雖經調動，復如是之，無可奈何，請求良策。這幾位寫信的朋友，都很有才華，爲人很正直，也有事業心，是應當有一番作爲的。然而像這樣苦於槽櫪之間，如何能發揮作用，說「雖經調動，復如是之」，換個單位情況也不見好轉，就更值得思索了。

　　我當然沒有什麼良策，但我卻想起歷史上的兩個人，一個是漢朝的賈誼，一個是清代的紀曉嵐。這兩個人都是歷史上有名的大文人，大知識份子，但兩人的結局卻很不一樣。賈誼只活了三十三歲，便「自傷哭泣」而死，他的文章雖汪洋恣肆，數量卻有限。紀曉嵐活了八十一歲，曾任《四庫全書》總纂官十餘年，撰有《四庫全書總目提要》及《四庫全書簡明目錄》，在古籍整理方面留下下豐富的遺產，做出了很大貢獻，晚年還寫了一部文言筆記小說《閱微草堂筆記》，質樸淡雅，亦莊亦諧，流傳很廣，大作家孫犁先生以爲可和《聊齋志異》齊名，這雖屬一家之言，卻也說明了它不容忽視的藝術價值。

　　兩人結局如此不同，當然不是命之所繫，而有其主客觀原因。後人多數很同情賈誼，爲他的不幸而責怪漢文帝，唐朝的李商隱寫過一首很有名的題爲《賈生》的詩：「宣室求賢訪逐臣，賈生才調更無倫；可憐夜半虛前席，不問蒼生問鬼神。」批評漢文帝

既然把賈誼召回來，卻又不向他徵詢治國安民的大計，而去和他探討什麼「鬼神」的原本，名為重才，實則對人才的輕蔑。李商隱雖是諷漢文帝而實刺唐帝，但也表明他對漢文帝的憤怒態度。但也有人持不同的見解，一個是唐代的王勃，他的《滕王閣序》有「屈賈誼於長沙，非無聖主」句，以為賈誼之死非漢文之過，不過他並未闡明理由；另一個是宋代的蘇東坡，他專門寫了一篇《賈誼論》，提出了「非漢文之不能用生，生之不能用漢文也」，批評「賈生志大而量小，才有餘而識不足」。按蘇東坡的設想，賈誼若能做到「使天子不疑，大臣不忌」，則「不過十年，便可得志。」這當然是很片面的，因為賈誼的政治主張遭到絳、灌等舊臣的反對，不可能做到使他們「不忌」，也不可能使漢文拋開舊臣而一味地器重賈誼。但在此情況下，賈誼如不「自傷哭泣」，而是創造有利於發揮自己才幹的環境條件，善於「自用其才」，或許不至於夭折，天假以年，也使可以有更多的作為了。所以蘇東坡的立論確有一定道理。

　　紀曉嵐較之賈誼，則是很能「自用其才」的。他有淵博的學問，皇帝既要倚重於他，又忌恨於他，處處擺出唯君聖明的架勢。在這種清況下，紀曉嵐只能曲曲折折地發揮自己之所長。修《四庫全書》時，他往往在最簡單又最容易發現的地方故意造成錯誤，然後「上呈御覽」，皇帝發現錯誤後，立即洋洋得意，憑你紀曉嵐多大能耐，還是不如我皇帝高明，一種虛榮心得到了滿足，忌恨的情緒便減弱幾分，紀曉嵐的安全感也便隨之增加，也只有在安全的環境裡，他才能貢獻出自己的才識。據記載，紀曉嵐在編纂《四庫全書》過程中被皇上申斥並被罰俸多次。後人對紀氏這種大智若愚往往頗有微詞，說他圓滑，但他確然並非出自本意，他是為了「自用其才」不得已而為之罷了。

　　囉嗦了這一番，只不過是從知識份子朋友這一方面，要儘量努力使自己的知識和才能不因情緒鬱悶而發揮不出來，爛在自己的肚子裡，如蘇東坡所說，就是要使「天子不疑，大臣不忌」，調整好領導和同志間的關係，這當然不是勸導逢迎和討好，而是要善於「自用其才」，為自己著想。另一方面，領導不遺餘力地落實已出台的好的知識份子政策，重視和發揮知識份子的作用，當然是極為重要的。兩方面結合起來，是否能改變「復如是之」的境況呢，或許要好一些。

1985.11

「百善孝為先」別議

　　在我們這個很講究孝道的國度，「家有九十歲老母」這句話，是很能打動許多人的。《水滸傳》第四十三回，寫冒充李逵的剪徑強盜李鬼，被真的黑旋風李逵識破之後，求饒的第一句話便是：「小人本不敢剪徑，家中因有個九十歲老母，無人贍養，因此小人單題了爺爺大名唬嚇人……」疾惡如仇、剛強暴烈的李逵，聽了這番話之後，心腸立刻軟了下來，非但不忍心殺死李鬼，反而給他十兩銀子，只是在後來識破了李鬼歹毒險惡的本來面目，才砍了他的腦袋。看來做強盜也要研究心理學，也要精通國粹的。曾經在報上讀到一則消息，某地一個農民打發他的十四五歲的女兒到幾個大城市的車站碼頭乞討，第一句話也是：「我娘病重，無錢醫治，叔伯大爺行行好！」憐惜這孩子一片孝心，不少人都掏了腰包。其實這孩子是謹遵父命，幾分一角地將錢積攢起來，不斷往家裡匯寄，幾年一過，這家農戶竟由此而成了當地的首富。不消說，這女孩子的父親也是鑽了孝道的空子的。

　　由孝道推而廣之，便是尊老，長者為尊是幾千年來都未曾徹底打破過的至理。當然，這並沒有錯，「百善孝為先」，無論孝道或尊老，都是我們民族應當充分肯定的美德，老有所安，讓每個老年人都有歡樂愉快的晚年，也是社會發展社會文明的一個方面。不過，正確的觀念有時也需要受到一定的制約，比如這尊老和孝道吧，在倫理道德範疇內是應當人人都恪守不渝的，但在社會生活的其他方面，則應另當別論。兒子對於老子、青年人對於

老年人，只能擇其善者而從之，而不能不問青紅皂白地一律唯唯諾諾，黑格爾所說的同一句格言從老年人嘴裡說出來和從青年人嘴裡說出去份量大不一樣這句話，不管他指的是東方心理還是西方心理，都是應當重新審視的。道理雖然簡單明白，但要在實際上打破這個格局，卻並非容易。就說出國考察吧，這本是關係國計民生的大事，但一到圈定出國人選，「老」也是優勢：「某某老了，即將退居二線了，還是讓他出去看看吧，以後便沒有機會了。」情詞懇切，充滿尊老之意，唯獨沒有把出國考察負有重大使命考慮進去。以至有人出國後，竟在執行公務時因體力精力不濟而呼呼入睡，鼾聲大作，鬧出了許多笑話，國內國外也都因此而議論紛紛。此外，如評定業務職稱等等，不問專業水準如何，大抵都是「三人同行，小的吃虧」，某某歲數大了，理當優先晉升；倘在同一學校任教，先生沒當教授，學生是斷乎當不得的，至於「弟子不必不如師，師不必賢於弟子」的古訓，也只是一句空洞的調頭。關於選拔幹部，這幾年在培養、重用中青年方面，的確有巨大的進步，老同志的當官心理也漸漸趨於淡化，但「年紀大了，誤了這班車，就挨不上下一站」的照顧性安排，也並不鮮見。總之，在一些人的頭腦裡，很大一塊地盤還是被「老」字佔據著，一旦破了格，便感到心理上難以平衡，一有機會，便要去恢復這種平衡，甘願在這種精神重壓的平衡下，蹣跚地挪步。

其實，誠心尊老，並非一定要上了年紀的人去出國或當官，只要把他們的精神文化生活安排得舒適些，飲食起居，各得其所，讓他們延年益壽也就很好了。至誠盡孝，並非要年邁的父母執掌家政、爲生計而奔忙，只是盡心地讓他們頤養天年。二者一理也。何況，出國不僅旅途勞頓，而且生活節奏加快，洽談繁忙，非老者所宜。如果說，出國可以買洋貨，當官可以以權謀私，那便是

另外一回事了。

1986.4

伯樂相人的利與弊

　　春秋中期以來，伯樂一直享有很好的聲譽，因爲傳說他善於
相馬。後來又經韓愈妙筆生花，賦予他慧眼識英雄的美名，身價
便更高了。近年間，伯樂在我們的社會生活中，幾乎成爲一尊偶
像，崇敬伯樂，歌頌伯樂，爭當伯樂，一直是熱門的話題。不過，
人們看中伯樂，顯然不是要他去相馬，而是取其寓意，要他相人。
因爲現在先進的交通工具多得很，火車、飛機之外，還有許多漂
亮豪華的小轎車，用不著高車駟馬那種古老的玩藝兒了。只是人
才還常常告急，缺乏得很，所以本來是相馬的伯樂，也便分外地
繁忙，到處請他去相人了。

　　人才眞的很缺麼？有句俚語：「人上一百，五顏六色。」泱
泱中華，十億之衆，什麼樣的人才沒有？「何世無奇才，遺之在
草澤」罷了。伯樂太少了，或許伯樂目力還不濟，來不及發現隱
身於銀河系裡的新星，也可能看不見十步之內的芳草。這種情況，
一千多年前的韓愈是早就預料到了的，他在《雜說四》裡曾寫道：
「千里馬常有，而伯樂不常有」，有幸而被伯樂發現了的千里馬，
可以奮蹄疾駛、馳騁縱橫；而沒有被發現的千里馬，則只有「祇
辱於奴隸人之手，駢死於槽櫪之間，不以千里馬稱也。」看來，
韓愈只是預料到了問題的一面，還有一面他沒有預料到，或許預
料到了而不願意說出來，那便是誰能保證那些號稱「伯樂」者，
個個都貨眞價實，求賢若渴，而沒有摻一點兒「晉江假藥」呢？
如果蒙上「伯樂」假面的竟是江湖郎中，千里馬即令在他眼皮底

下，他也眞的看到了千里馬的騰躍嘶鳴，但他是斷然不會讓千里馬電掣千里的。這類情況，歷史上不少見，現時雖然好多了，但也決未絕跡。科技界不是曾經有過科技「流浪漢」，不是還有人只能偷偷摸摸搞科研麼？摘取了世界數學領域難題「斯坦納系列」王冠的中學教師陸家羲，不是因爲貧病交加只活了四十八歲麼，他的震動世界的數學研究成果，不是因爲加拿大教授門德爾松的推荐才得到國內的承認麼？因研製凍瘡治療機而獲得保加利亞首屆世界青年發明家成果展覽會金質獎章的周林，不是還遭到他所在單位負責人的百般刁難麼？如此種種，人才「缺乏」，當然不足爲怪了。由此可以看出，光是把眼睛盯著伯樂，希望伯樂去發現幾個經天緯地之才，往往是很不夠，也很有些不保險的。

　　說來說去，我們現時常說的伯樂，就是各級領導同志。領導同志發現人才、使用人才的確非常重要。古人有言：「使李將軍遇高皇帝，萬戶侯何足道哉！」講的是領導與人才的關係。現在我們的領導機關、領導幹部的重要職責，一是制訂政策，一是使用幹部，也包括領導與人才的關係。這種關係延綿了幾千年，還將繼續延綿下去。單靠個人去發現人才，畢竟有很大的侷限性，因爲發現人的人並非完人，他看人的角度有時不免偏狹，這樣便會有遺賢漏珠的可能。人的存在價值全在於他自己的創造，在於他對社會的貢獻，眞正公正而又獨具慧眼的伯樂，是會這樣去對待人的價值的，但只有創造出一種讓人才眞的可以脫穎而出，眞正能夠各顯其能的社會環境、人事制度，才可以眞正做到野無遺賢、各得其所。

1986.5

「更年期綜合症」種種

　　常說的「更年期綜合症」是一種生理現象：人到了一定的年齡，由於身體內部機能的各種變化，會引起性格、感情以至肌體等各方面的變異和紊亂，有的還相當嚴重，呈現出一種病態。這種綜合症女士居多，男士也有，但用不著驚慌，只要耐著性子，假以時日，又輔之以藥物，是會漸次好起來的。

　　然而，「更年期綜合症」又不獨是一種生理現象。報載：在學術界有一種「學術更年期綜合症」，此症出現在有的人成名成家之際，表現出以下症狀：一是安於已取得的成就，不思進取。從表面看，這種情況只是堵塞他自己，但如果患者較多，就會從全局上損害整個學術水準的提高；二是不合群，不協作，甚至同行是冤家，互相封鎖、拆台，這對新興學科危害最烈；三是利用自己在學術領域的影響，或以自己所掌握的權力謀私利，使科技研究中某些項目人為地畸強畸弱，比例失調，還有成霸、成閥等更為危險的症候。當然，那些真正立志獻身於人類的大科學家、大學者（如華羅庚、李四光、王力、鄧稼先等）卻極少染上這種綜合症。華羅庚說過：「樹老易空，人老易鬆，科學之道，戒之以空，戒之以鬆。我願一輩子從實而終。」在他生命的最後一刻，仍然奮鬥在科學的講壇上。

　　前不久，北京醫學院葉恭紹教授又發現了一種「四二一綜合症」——祖父祖母、外公外婆四人和父母二人圍著一個「小太陽」旋轉，「老萊子娛親」已變成了「老萊子娛孫」。葉教授指出這

種綜合症的病根在於過分溺愛嬌縱獨生子女。所幸的是這種綜合症已開始引起社會和一些家庭的注意，相信不會蔓延而成爲公害的。

　　竊以爲對社會危害最大、最令人厭惡者，則是另一種綜合症——姑且稱之爲「官場更年期綜合症」吧。自古以來鄙薄功名、不願爲官者，畢竟是少數。所謂「無官一身輕」，恐怕只是那些做官做得膩了的人才有的感覺。有人提出「淡化當官心理」，問題提得很好，然而不易辦到，這不如「強化當官責任」妥當。可惜能約束爲官者行爲規範的措施還不健全、不科學、不強硬。「官場更年期綜合症」多發於做官做到即將退休離任者（當然只是一小部分人）身上：㈠建個安樂的窩，不惜動用公款、巧立名目，超標準蓋上個幾廳幾室，最好是獨門獨院，前有魚塘、後有花房；㈡兒女子婿一干人等都安排好了，孫兒一輩還未成年，於是趕緊將順手的、聽話的、圍著自己轉的安排在要害崗位，免得身後無人。而對那些有見解、幹實事的人總是心存疑惑；㈢穩穩當當地走路，安安靜靜地睡覺，改革、創新云云，慢慢再說。充當和事佬，不問是非曲直，一律你好我好大家好，爲的是替自己留後路；㈣退下來之前千方百計想出國，不出國便不辦離退休手續，如華君武筆下的「夢遊出國症」；㈤不惜鋌而走險撈一把，於是貪污受賄。症狀還可以列出一些，概而言之，以權謀私或稱爲「五十九現象」吧。不過這種謀私叫你看得見、摸不著，因爲在官場歷練得久了，不會輕易授人以柄，更不會去觸動什麼法紀條文的。但也確有不少人因過於貪婪過於忘形而露了馬腳而受到法律的嚴厲制裁的。

　　怎麼辦？的確應當「強化當官責任」，在其位必謀其政，嚴格當官者的行爲規範，不得使其亂了方寸，如何？　　　　1986.8

連續觀察五十年

　　1986年6月，費孝通教授陪同胡耀邦同志出訪西歐，在英國倫敦經濟政治學院作了題爲《江村五十年》的學術報告，其內容是他對江蘇省吳江縣江村近五十年的調查剖析。通過大量的數據，說明這個地方在三十年代怎麼興起，在帝國主義、官僚資本主義的壓迫下又怎麼衰落，解放初期怎樣發展，又如何受挫折，黨的十一屆三中全會以後又怎樣繁榮昌盛。把五十年所走過的路程、所經歷的事情具體而詳盡地再現出來。一個江村，實際就是爲國際友人提供了一個中國的縮影，所以在英國引起轟動。英國學者認爲這個報告是了解中國的非常重要的材料；江村的坎坷歷程，也爲我們走自己的道路提供了有價值的借鑑。「五十而知天命」，有五十年的觀察，從中還能找不出一些帶有規律性的東西？

　　以一個淵博的學者眼光，對一個地方連續觀察五十年，並訴諸文字，分析其演變，在國外引起轟動，對國內建設有幫助，這乃是必然的。最值得稱道的還是作爲一個社會學家費老連續觀察五十年的驚人毅力，追求眞理、刻苦不懈，縱然其間有著難以述說的人生曲折，也仍然持之以恆，這是眞正的學者之風，也是對國家對民族高度負責的精神。

　　調查研究是我們所倡導的工作方法，蹲點、試點、建立聯繫點等等都是希望能掌握一些第一手資料，經過篩選和提練，用以指導工作。但還沒有聽說像費老那樣連續觀察幾十年的認眞做法。或許有人說，費孝通教授那樣做，是爲了學術研究，於我們做實

際工作的不一定相宜。其實，費老在《江村五十年》裡大都是講經濟建設，探索有中國特色的社會主義道路，此外他還不辭勞苦地奔走於江浙之間，作過蘇南考察、溫州考察，都是著眼於產業結構如何調整，商品經濟如何發展，他的學術研究和現實需要是緊密地結合在一起的——這也是每一個有著高度責任感的學者的共同特點。做實際工作的同志，都有自己的崗位和職責，長期泡在一個地方當然不可能，但可以採取比較鬆散的聯繫方式，注視一個地方的發展變化，日久天長，也就有了發言權了。這樣做並不難，關鍵是要有費老那樣的一份心思。有志者事竟成，即使觀察不了五十年，有個三五年、七八年，也便難能可貴了。

　　一些青年同志，有的被內定為「第三梯隊」、「後備幹部」組織上有意識地把他們安排在某個基層單位，目的是讓他們在實踐中經受鍛煉、增長才幹，將來好挑更重的擔子。然而有些同志存在著鍍金思想，當官心切，把基層當跳板，一心想去某一個較高的崗位就任，這樣的人談不上事業上的雄心壯志，更缺乏費老那樣的孜孜以求的精神。如果讓這些官癮甚重的人去接班，那的確是令人擔憂的。我們強調要在實踐中考察和擇優選拔各級領導幹部，這樣做可以淡化一下當官心理，強化一下事業心理，打掉一些鍍金思想，激勵人們多幹一點實事，在實踐中去掌握事物發展的客觀規律。如果有更多的人有像費孝通教授那樣一種鍥而不捨的勁頭，那將是大有益於我的們的事業的。

1986.9

「運動場意識」

　　由觀看體育比賽而想到「運動場意識」──那的確讓人非常神往：有什麼本事、會哪般武藝，鬥智、鬥勇，拚搏、韌勁，全部使出來，盡情地發揮，是較量，更是攀登。一分、零點一分，一秒、零點零一秒，任何細微的差距都記錄在案，斤斤計較，了了分明，摻不了假，也很難作弊。郎平便是郎平，李寧便是李寧，沒有人能代替，也沒有人不服氣。人們說，在運動場角逐是最公正的，縱然有人也悄悄地搞一點什麼「裁判戰術」，畢竟是醜聞而又成不了氣候。所謂「運動場意識」亦即一種坦白而真正的競爭意識。

　　現實的社會生活也是一個大運動場。然而這個大運動場裡卻缺少真正的「運動場意識」。且不說為什麼而競爭，也不說積分牌上的種種學問，單是讓誰是競爭這個難題就很不容易解決得好，其中的曲折、故事可以寫成一本本厚厚的書。按照「運動場意識」辦，本是極為簡單明白的，誰的水準高，誰的本領過硬，誰就上，優勝劣汰，沒有什麼情面和客氣好講，寫條子和暗暗地示意不起作用。然而，現實生活這個大運動場上卻常常出現這樣的怪事：「鐵榔頭」明明是郎平，有人卻偏要說是「張平」，或者讓「郎平」去網前扣殺，卻在「張平」的積分牌上加分。其實這「張平」充其量只不過能在場外拾拾球，做做輔助性的工作，然而他善於和領隊、裁判、司線員、記分員一干人等周旋廝混，又乖巧聽話，勤於遞茶遞煙。那「郎平」只是一味地苦練翻、臥、滾、爬、

強攻、攔網，不熟悉場外那一套又一套的拐拐經，往往是那「張平」得了彩頭還被蒙在鼓裡。這裡的弊端就在於沒有用「運動場意識」來選拔該選拔者去競爭。我們曾寄希望於伯樂，以為伯樂一出現，「千里馬」必然奔湧而至。雖然不能一概否定伯樂「慧眼識英雄」的能耐，但伯樂的辦法只是「相馬」，而不是「套馬」，他所缺少的正是「運動場意識」。那「相馬」，是頗有彈性的，需知伯樂「知也有涯」，「目之所極也有限」，豈能識盡人間風流？況且伯樂也有三姑六姨，保不準他不塞幾個到運動場上去，即使比賽忝陪末榜，觀眾喝了倒彩，也有「天氣」、「風向」、「賽場氣氛」、「個人情緒」等等因而為之開脫，伯樂是可以概不負責的。伯樂極好當，並不像袁偉民坐在賽場邊那樣，表面上絲紋不動，卻緊張得兩個手心裡捏出了汗水。

現實生活這個大運動場裡，最迫切需要的是那種按照「運動場意識」選拔運動員的制度：縣級隊的優秀者進入省隊、國家隊，然後再參加亞運會、奧運會等國際大賽，只有這樣，才能有真正的競賽，才能出現成果，拿金牌、銀牌。

現實生活在不斷地教訓我們，伯樂常常是靠不住的，應當讚賞一句民謠：是騾子是馬，牽出來溜溜！

1986.11

「象棋格局」

　　中國的玩藝兒，象棋堪稱一絕，除去其發展演變的時間不算，從定型至今大約已有一千多年的歷史。一千多年來，儘管改朝換代，風雲變幻，然而三十二子，兩家對弈，卻延綿不絕，眾多的中國人對此饒有興味，而且「運天地於一局，馳智慧於無窮」，造就了不少的棋壇聖手和大師。

　　我不是什麼高明的弈者，只知道「馬走斜日相飛田」，不過兩軍對壘，喜歡助陣觀戰。久而久之，卻從那陣勢和戰法中悟出了一點頗為耐人尋味的東西來：勝方無論如何地揮師直搗黃龍，那大帥只是安坐大本營，不見其殺傷之功，也看不出有什麼高妙的韜略，一旦兵敗，則東躲西藏，狼狽不堪，除去御林兵士和相全力護衛之外，所剩的一點殘兵敗將也都竭盡全力為之效忠保駕。所以，在象棋角逐中，最高指揮官只是保護的對象，並不起什麼攻城陷地的作用。唯一的一點威力是二帥不能碰面，大有二雄不可並立之概。對此，有人概話為「象棋格局」，並以為「象棋格局」是中國幾千年漫長歷史的折光。

　　這折光首先使人想到的是皇帝。皇帝是不講究才幹的，三歲小孩都行，只要有了名份，便認定是天賜，就可以如同象棋中的老帥那樣，無條件地受到保護和頂禮膜拜。也用不著思考去盡什麼義務，所謂「社稷為重，君為輕」之類的詞語，不過是要筆桿子的人唱出來的調子罷了，「萬乘之軀」是不以為意的。由於經不著什麼風雨，又有密密層層的設防保護，所以中國的皇帝，除

秦皇、漢武、唐宗、宋祖之外，多數是庸碌無能之輩，晉惠帝司馬衷說老百姓沒有飯吃何不「食肉糜」，光緒對太監謊稱雞蛋三十四兩銀子一個也篤信不疑之類的令人哭笑不得的笑話，也便沒有什麼值得奇怪了。

可悲的是，這「象棋格局」的折光又是那樣無情地制約著百姓的思維方式和行為舉止，一見萬歲便認定是真龍天子，便迷信便渾身篩糠，只有磕頭如搗蒜的份兒。那慈禧太后逃出北京城斷了一百兩銀子一頓的御膳之後，也還是有人將上好的餑餑送到她的龍鳳輦上來，並且還引為光榮。這些當然都是古老封建社會的事。

歷史的陳陳相因令人發怵，現實生活的「象棋格局」也還時常露出某些端倪來。領導人到某地檢查工作，層層設防，層層布崗，是常常受到報刊批評的，且不去說它。還有一些中青年同志，本來是有學歷有文憑，可以動手起草文件、講稿的，可是一旦有了名份，也便擺起格來，講幾句話，也要別人寫個稿，走幾步路，也要派個車，事事要別人服侍，處處將自己置於被保護的位置。奇怪的是有一些人也樂於服侍，以為不給領導者寫講稿便不成格局，看見某個領導者擠了一次公共汽車便驚呼破格。不貪污、不特殊、不走後門這些人民公僕起碼要做到的，也被當作高風亮節來到處傳頌。不要領導人開拓創新，只要領導人保守本份，一旦開拓創新反倒是嘰嘰喳喳議論不休。這種「象棋格局」心理，實在是頑固而又可怕的。

按照反映論的觀點，象棋當然是從現實生活中得來，象棋的發明研製者對中國封建社會的那種格局真可以說是熟透了。作為娛樂和體育，象棋技藝要繼續繁榮發展，然而生活中的「象棋格局」，我以為應當少些，再少些。　　　　　　　1986.11

爲新娘子說句話

日前有電視新聞批評某市居民用公家的轎車迎接新娘。這類批評以前也曾見於報端。乍一聽，似乎批評得有道理，細一想，非也。試爲新娘子一辯。

封建社會，因無豪華汽車，做官的只能按品位坐轎，什麼綠呢大轎、八抬大轎，講究得很，且不可亂了規矩。御轎和鸞輿，則是皇帝、皇后的交通工具，可謂最高規格了。平民百姓是難得坐轎的。唯獨大姑娘出嫁，可以大紅花轎來迎娶。雖然轎子的規格不同，有的體面一點，有的簡陋一點，但女方從自家步行到男方家去成親的事則不多見。在坐轎車這個問題上，如果說中國封建社會還有什麼女權的話，這便是一個例證。不過，「大姑娘坐轎第一遭」，也是最後一遭，僅此而已。

八十年代的今天，各類轎子幾乎絕跡，最通用的交通工具是各類大小汽車。汽車又稱大轎車、小轎車，大約是綜合了高車駟馬、八抬大轎的稱謂演變而來。不消說小轎車行動迅捷，大大優勝於過去的轎子，極爲有利於各級領導處理問題、決斷方略、爭取時效。然而，沒有轎子，又批評出嫁坐轎車，實在是要加苦於新娘子了。婚姻大事，莊重典雅而熱鬧，步行、擠公共汽車、騎自行車，從娘家到婆家去，似乎都有點不甚爲新娘子和不爲社會所接受，而獨輪車上坐著個盛裝女郎在十里長街招搖過市，又顯得不甚協調。這一點不知批評者想過沒有。

男女婚姻，一次而已，有的雖有反複，畢竟少數。我想，對

那些已定了良辰吉日的男女青年，他們所在單位的黨團組織、工會組織，派個車子支持他們把婚禮辦得熱鬧、健康，又不失大體，不正是一項活的政治思想工作嗎？至於汽油費，訂個標準，新郎新娘想必是不會賴帳的。某些電視台、報紙爲這明星、那明星的婚事喋喋不休，又何必指責那些戰鬥在各崗位的女青年、批評她們在步入新生活時坐一回車子呢！對那種倚仗特權，坐公家的轎車兜風的事又爲什麼不去碰一碰呢？

1986.11

掰到手的「棒子」不要丟

　　這裡所說的「棒子」是指玉米棒子並引申為科技成果。諺語云：「猴子掰棒子，掰一個丟一個」，比喻對到手的果實不珍惜。隨意糟踏，很有些批評鄙夷之意。

　　我們實在是掰到了許多鮮美的「棒子」的；我們也實在丟掉了許多鮮美的「棒子」。嘲弄猴子，也應當反思一下我們自己。

　　水稻在我國栽種面積很廣，為了解除「面朝黃土背朝天」的插秧之苦，從五十年代起我們就在研製插秧機，經過科技人員的不斷努力，很有成果，可以說「棒子」快要掰到手了。可是不久前卻傳來了從日本進口插秧機的消息，實在不是滋味。我們丟掉的「棒子」，人家拾起來，稍加整治又賣給我們，反倒成了美味佳餚，然而卻難以下嚥，又非嚥不可。

　　就全國來說，丟「棒子」的事自然遠不只這一端，而且有些丟得更為令人痛心。再從我們安徽看，丟「棒子」的事又何曾沒有呢？劉經偉研究的在生命科學上具有重要價值的生物膜提製技術，就是在省內奉獻無門的情況下，而在西安等地引起轟動並被廣泛採用的。不久前，安徽師大研製出一種防火、防水新帆布，以幾萬元的低價在本省轉讓這項技術無人問津，該校只好將此項科研成果帶到廣州，人家以數百萬元的高價爭購這項技術。所喜的是，這些「棒子」還沒有跑到國外去。當然，我們手上還握有幾顆鮮美的「棒子」，比如趙乃剛研究螃蟹人工半鹹水工業化育苗技術早已獲得成功，但其應用、推廣情況如何？似乎不太景氣。

鮮美的「棒子」置之不用，時間長了也會蔫萎失色的。聽說山東人工餵養對蝦獲得了很大的經濟效益，令人嚮往。我們省也有「兩水起家」的戰略設想，「兩水」之一便是養蟹，把人工養蟹這項成果付諸應用，當是刻不容緩了。

要使到手的「棒子」不丟失，關鍵還是這幾年常講的老話題：重視知識、重視人才。安徽科技本已落後，如再不重視，其結果只能是惡性循環，落後更落後。廣大知識分子奉獻無門，只好「外流」。因此，當前最迫切的問題，是要使人才有用武之地、知識有應用之所。前些日子，楊紀珂副省長應舒城縣燕春鄉農民的請求，帶領專家、學者到那裡扶貧，大受歡迎，也很解決問題。可見，科技知識一旦和實際相結合，便能變成生產力，發揮經濟效益。過去，一些很好的「棒子」之所以被丟掉，其中一個重要原因，就是沒有讓這些「棒子」到群眾實踐中去釋放能量，久而久之，便在實驗室和試驗基地消亡了。這次楊紀珂副省長帶領的專家、學者只是去燕春鄉看了看，嚴格講起來，算不得很深入，便有那麼多成果，試想如果較長時間地讓科技工作者到實踐中去，**鼓勵他們成為企業家，我們的「棒子」不但會越來越多、還會越**來越鮮美，會大大減少被丟掉和拋撒的可能。一說要鼓勵科技人員成為企業家，有人又怕了，其實用不著。有的省已經這樣做了。人家用大力氣克服崇本抑末、重農輕商的傳統觀念，不光嘴上講講，還在政策上給予保證和優惠，推動科技人員去競爭，把科技知識送到廣大農村去，獲得了很大成功。這種不僅以文章論英雄、更以經濟效益論英雄的做法，實在大可效法。不然，城裡人才積壓，鮮美的「棒子」束之高閣，農村求科技而不得，貧窮落後、致富無門，如此尖銳的矛盾如何解決呢？

1986.11

協調一下紅白喜事

　　人類自有文明史以來，便有紅白喜事。操辦的方式雖然有不同，但主旨卻是一致的，即為新婚夫婦慶典祝賀，為壽終正寢者致哀送終。遺憾的是，人類文明史雖又經過幾千年的淘洗演進，於紅白喜事兩端，操辦卻似尚未入門，實在有必要進行一番協調。

　　我的老家是遠離鬧市的偏遠農村，過去很窮，對於外部世界發生的一切知之甚少，然而對紅白喜事，卻向來重視，毫不苟且。有錢的大戶，女兒出嫁需得有全副嫁妝，雖說沒有彩電、冰箱、高級音響之類，但那格局卻令人啼笑皆非，除供新娘子一輩子所需的衣被、首飾、日用家俱之外，連死後的棺木和可能遇到的窮困潦倒而逃荒要飯的提籃、打狗棍、葫蘆瓢，也囊括在嫁妝之內，一應俱全。老年人故世，只要略有家資，兒孫們都要為之做齋打醮，超度亡靈。記得其中一出齋事曰「破獄」，醮台高築，好似舞台布景，即是為死者消災禳禍，為之破除地獄的許多艱險，讓死者平安到達天國。如同演劇一樣，有簡單的情節，需連續七個夜晚，兒孫子婿女眷等一干人等跟著道士跪拜、匍匐，通宵達旦地轉悠、折騰，不但花去許多錢財，活著的親人也被折磨得精疲力盡，似乎不這樣則不足以盡孝心。這還是民間低一檔次的紅白喜事，至於高一檔次的統治階級更是鋪排。《紅樓夢》裡所寫的秦可卿出喪、賈寶玉成親，其奢華程度，常人不可想像。至於皇帝，那更是一登基便著手建造陵墓寢宮的。一般的窮人家雖然只能「半間草屋做新房」，但並非找到了操辦喜事的正途，乃財力

所不逮，不得已而爲之。

　　如此操辦紅白喜事絕無文明可言，而恰恰是愚昧落後的反映。

　　這種陳規陋俗代代相傳，陳陳相因，一直影響到今天。尤其是農村經濟好轉，農民手裡有了一點錢，更見出大操大辦的危害。姑且不說操辦紅白喜事的事主兒絞盡心血，連周圍的一大片也必須送禮表表心意，農民說這比攤派還厲害，攤派的錢糧有時還可以拖一拖，不合理的還可以頂一頂，於紅白喜事送禮湊份子，卻絲毫不能猶疑，否則，不但得罪鄉里，還被別人瞧不起。所以不管怎樣，也只好硬著頭皮充壯漢，別人送多少，我也送多少。人生在世，面皮要緊，如此這般，實在已成爲一種人人厭惡又人人躲不掉的公害。至於紅白喜事中所宣揚的封建迷信，所造成的巨大浪費，更是令人齒寒。

　　鑑於紅白喜事已鬧得許多人怨聲載道，所以河南、安徽、福建、遼寧等省的農村，「紅白喜事理事會」應運而生，指導和承辦民間的婚喪事宜，移風易俗，革去陳規陋習，講究節約從簡，反對大操大辦，促進了城鄉精神文明。對此，人們無不拍手稱快。「理事會」對於締成婚約的男女雙方，還積極熱情地進行協調，不要彩禮，不置嫁妝，一切從實際出發，促成了許多美滿姻緣。此事農村已先走一步。城裡的青年結婚，花去五七千至三四萬仍屬常事，少數人甚至爲籌集錢財迎新娘而誤入歧途，其間的協調工作也是不容忽視的。

1987.3

關於龍的鬍子

　　早春之日，有緣遊了宣州碧山龍泉洞，感謝造化的神奇，在曲折盤旋的洞內，竟然塑造成無數千姿百態的人物鳥獸，草木蟲魚，真乃巧奪天工。

　　既然是龍泉洞，我便尤其關注那龍的形態，果然騰雲駕霧，栩栩如生。奇怪的是每一條龍都有長長的鬍子，飄飄拂拂，有動練之感。令人想起《史記‧封禪書》中所記載的黃帝攀著龍髯升天的傳說，更增添了神秘的神話意境。

　　龍畢竟是古代傳說中的神異之物，所謂龍的鬍子也便純屬子虛。不過，傳說的年代久遠了，也就演化出了許多聯想，中華民族的子子孫孫被稱之為龍的傳人。歷代帝王為了顯示自己的至高無上，都自命為真龍天子。至於龍的鬍子，也便有著許多荒唐和悲歡苦樂的記載。

　　春節玩燈籠，自是一大樂事，但我的老家農村卻常常要引出一些聚眾鬥毆的災禍來，究竟原因，蓋出於龍的鬍子。篾編的龍骨和布製的龍衣是早就預備好了的，並且一用幾年，平時安置在大戶的祠堂裡，唯有龍頭和龍尾需年年重扎，這當然也不費什麼事。只是掛什麼顏色的鬍子，黑的還是白的，卻頗費躊躇。掛黑鬍子的曰「子龍」，表示輩份小，低人一頭；掛白鬍子的曰「老龍」，則意味著德高望重，高人一等。對此，雖無官府的硬性規定，但小村小族玩龍，都自認勢單力薄，不敢掛白鬍子的。只有大村大族，又有強硬的靠山，則自視獨霸一方，玩龍時有恃無恐

地掛上白鬍子。龍燈於大年初一初二，照例在本莊子歡騰起舞，喝彩高歌，鞭炮齊鳴，過了初一初二，龍燈便要出莊子，被稱之曰「遊龍」，這樣，甲龍與乙龍難免途中相遇，黑鬍子的子龍遇到白鬍子的老龍，照例低頭讓道而過，當然平安無事。黑鬍子子龍和黑胡鬍子子龍相遇，也只是稍作嬉鬧，便各自揚長而去。倘若兩條白鬍子老龍相遇，便要惹出一點兒麻煩：先是雙雙昂頭八尺，甩鬚擺尾，擺出一種各不相讓的僵持架勢，兩邊的鑼鼓聲也都驟然而起，更增添了緊張的氣氛。在此情況下，雙方的頭面人物便出面談判，無非是各自提出要求對方讓道的理由，其實是各自威勢的較量。一旦談崩了，便重新擺開陣勢，先是相互喝彩，猶如山歌競賽，片刻便互相撕鬥起來，一時間真是「敗鱗殘甲滿天飛」，龍骨被拆了，龍衣被扒了，統統燒掉，根本顧不得什麼神異之物，結果總是各自抬著傷殘人員，懷著滿腔的憤恨，狼狽而去。新的一年剛剛開始，即著手籌劃著下一年如何去爭鬥。家族之間，村與村之間的仇恨，便這樣越結越深，無辜的百姓也便在一種莫名的意氣驅使下，一回一回地充當權勢者們的犧牲。

　　這當然是舊社會的事，不去提它，近年間，政通人和，龍燈等等娛樂形式又都活躍起來。春節期間，我難得回鄉一睹這熱鬧的風采，但時常惦念著關於龍的鬍子的種種瓜葛。春節後，時有鄉親來串門子，我問及此事，他們告訴我：現在玩龍不興掛白鬍子了，年輕的一茬人在主事，覺得掛黑鬍子吉利，象徵著有朝氣、興旺發達！這樣自然也就沒有了互不相讓而引起爭鬥的蠢事。不過，我又聽到了一樁趣聞：那是去年春節，舞龍舞到某一家時，龍的黑鬍子突然掉在堂前，這家老漢高興得合不攏嘴。適逢兒媳懷孕，便認定要生男孩，要得龍孫，雖然屬超生，違反計劃生育規定，還是連晚召開家庭會議，任憑罰款和其他處分，也要將龍

孫生下來，而不准兒媳去醫院墮胎。結果是又生了一個孫女。兒子是公職，因此受到了處分，工資也沒有調上去。老漢自覺晦氣，不准人再提此事。至於今年春節，這老漢如何對待龍的鬍子，沒有去問，也就不得其詳了。

1987.5

看「蠶豆大王」做生意

安徽省合肥市的居民，無論男女老少，大約沒有不知道「蠶豆大王」的，只要提起他，人們便會想起那悠長宏亮的叫賣聲：「一毛吶──吃熱的！」

「蠶豆大王」是合肥市的一個個體商戶，名叫黃家源，五十多歲，胖胖的，一眼望去，憨態可掬。說他是「蠶豆大王」，並非他做了什麼大宗的蠶豆生意，而是讚譽他的生意做的有功夫，做到了客戶的心上。其實黃家源賣的只是煮熟的五香蠶豆，一毛錢一包，可謂小本經營。幾年來，儘管其他風味小吃不斷地在浮動價格，他仍然一以貫之，始終是「一毛吶──吃熱的」，而且保質保量、童叟無欺，所以「蠶豆大王」的名字家喻戶曉，人人皆知。近來不少外地到合肥出差、旅遊的同志和外國朋友，也慕名而至，要一睹「蠶豆大王」的風采，要品嚐一番五香蠶豆的風味。據工商行政管理部門的同志介紹，黃家源按章納稅，守法經商，是合肥市的先進個體戶。

我曾特意來到合肥城隍廟商場的巷口，站在「蠶豆大王」的攤點附近，觀察他如何做生意。熱騰騰的蠶豆飄散出誘人的香味，「蠶豆大王」身穿白色工作服、頭戴特製的白色濟公帽，一邊高聲叫吆喝著「一毛吶──吃熱的」，一邊忙碌地招呼顧客，他的老伴在一旁協助他遞給每位顧客一根細小如牙籤的衛生棒，這樣可將煮得爛熟的蠶豆叉起來食用，既衛生又雅緻。奇妙的是，黃家源的攤點上還掛著用玻璃鏡框嵌著、用大字抄寫好的《蠶豆大

王小調》，歌詞簡潔、幽默、風趣，曲調渾厚、嘹亮，典型的合肥地方風情，「一毛吶——吃熱的」，就是其中一句逗人發笑的唱詞，黃家源唱得最多的也是這一句。顧客稍少一些，黃家源便立即高唱《蠶豆大王小調》的全曲，間或還饒有情趣地唱起電視劇《濟公》中的插曲，和他那特製的白色濟公帽真是相得益彰。只要黃家源一唱，略顯冷清的攤點又立即熱鬧起來，小孫子拉著顫巍巍的老祖母、年輕的母親攜著紮辮子的小姑娘、打扮入時的青年男女和難得進一次城的從事科研教育的知識界人士，又不約而同地紛至沓來。客人再多，黃家源也忙而不亂，拿一張裁好的紙片捲成漏斗形、鏟一勺蠶豆、洒上五香粉，有時需向顧客交代幾句，有還還要問答顧客的提問，碰上調皮的還得逗逗樂，更多的是高唱《蠶豆大王小調》，自始至終，嘴不停、手不停，熱情、和藹、風趣、麻利，動作已是舞蹈化了的，生意更是藝術化了的。六七年來一直在錘鍊這一個節目，怎能不爐火純青、渾然一體！顧客之中，沒有一個不是笑嘻嘻而來笑嘻嘻而去，沒有一個計較份量的，也沒有一個計較質量的。花一毛錢，品嚐到了一份風味獨特的蠶豆，享受到了一份生活的歡樂和情趣，何樂而不為！所以人們擁簇著「蠶豆大王」。

　　這大約就是「蠶豆大王」的全部生意經吧，不知這生意經怎樣才能進入我們更多的大大小小的櫃台和大大小小的商店。

1987.6

寧可得罪編輯　不要得罪讀者

「寧可得罪編輯，不要得罪讀者」，這是著名作家鄧友梅的一句名言。有一次他和臺灣小說家施叔青女士交流寫作心得，施女士曾看出了鄧友梅的小說《索七的後人》和《四海後佚作》的某些粗糙、敗露之處，便委婉地問道：「你的《那五》、《煙壺》結構都很嚴密，爲什麼《索七的後人》寫得那麼鬆散，什麼原因，是不同手法嗎？」鄧友梅坦率地告訴施叔青，《索七的後人》的確寫失敗了，因爲編輯死命催稿，不管你死活，非按期交稿不行，沒有思索的時間，才弄成那個樣子。鄧友梅對此極後悔，並從此立下了戒律，決不再應任何約稿，尤其不答應有時間限制的約稿。

眼下文藝報刊較多，各家都希望多發表一點有影響的作品，名家的作品，這是合乎情理的。不過，名家有限，名家的時間亦有限，索稿過多，勢必造成壓力，所以不少名家常常抱怨文債累累，難以交差，有時名家礙於編輯的情面，急於交卷，並未瓜熟蒂落，即敷衍成篇，失敗在所難免，更何況名家寫的不一定都是名文。所以讀者常常失望，名家常常苦惱。鄧友梅不愧爲眞正的名家，他立即從苦惱中悟出了道理，決計「寧可得罪編輯，不要得罪讀者」，實在是極高明的。我們不是常常說作家、藝術家要講一點藝術良心嗎，這便是高尚的藝術良心。

由鄧友梅「寧可得罪編輯，不要得罪讀者」的戒律，我又想到了巴金老人的一段話，他在《隨想錄》第一集的《把心交給讀者》一文裡寫道：「可能以後還會有讀者來信問起寫作的秘訣，

以為我藏有萬能鑰匙。其實我已經在前面交了底，倘使真有所謂秘訣的話，那也只是這樣的一句：『把心交給讀者。』」不要得罪讀者也好，巴金老人的把心交給讀者和鄧友梅的不要得罪讀者，意思只有一個，那就是向讀者講真話、講實話，對讀者負責，千萬不要糊弄讀者。名家有志於此，編輯理所當然要成全名家，因為對於讀者，須由編輯和作者（包括名家和暫未成為名家的）來共同負責。向名家約稿，不要限時過死、催得過急，使之有較充分的醞釀餘地，不然，草率成篇，難免沒有疏漏之處，那樣讀者是不會高興的。同時，十步之內必有芳草，除了名家能寫出好的文章外，還有許多好文章是出自暫時還未成名的作者之手，需要去發現和扶持。只要共同的目標清楚了，編輯不但不會怪罪名家，而且相互之間能更好地理解。這樣，名家的時間會更加充裕，壓力會更小，可以集中精力去錘煉他的作品，精萃之作一定會更多；與此同時，由於報刊為更多的作者提供園地，一定會發現更多的人才，造就更多的名家。如此繁榮昌盛的局面一形成，將會使編輯高興、讀者高興，報刊的聲譽會更高，名家們也會心地坦然，豈不是皆大歡喜！

1987.7

王熙鳳當「會長」

　　《紅樓夢》第四十五回，寫了王熙鳳受聘當「會長」和她發表就職演說的一段故事，讀起來極有趣，也極耐人尋味。

　　大觀園裡才子佳人們閑情逸緻多，一動雅興，免不了要吟風弄月，做詩聯句，於是辦起了「海棠詩社」。李紈年歲大、資格老，毛遂自荐當了「社長」。開了詩社，少不了要經常開展活動，要活動就必須有活動經費，李紈想了一個點子，挑唆她的社員們去把王熙鳳搬出來，聘請她來當「監社御史」。所謂「監社御史」，用今天的話來說，大約就是「名譽會長」或者「顧問」那類的角色吧。王熙鳳讀書少，識字也不多，這一點她是有自知之明的，所以她說：「我又不會做什麼『濕』（詩）咧『乾』的」。連送給她的官銜兒「監社御史」都弄不清楚，老是說成「監察御史」。不過，王熙鳳卻是「水晶心肝玻璃人兒」，一眼便看出了李紈一干人等的花招，先是不痛不癢地揭了李紈吝嗇、算小的老底，然後是欣然應聘，而且發表了一篇極富個性的就職演說：「你們別哄我，我早猜著了：那裡是請我做「監察御史」？……你們的錢不夠花，想出這個法子來勾了我去，好和我要錢。」並且慨然許諾：「明日一早就到任，下馬拜了印，先放下五十兩銀子給你們慢慢的做會社東道兒。」

　　讓王熙鳳當「名譽會長」，很有些意思。會長之意不在詩，而在於錢，這一層王熙鳳很清楚，也將它捅了個透亮，爲什麼又欣然應命，慷慨許諾呢？那五十兩銀子又無需她掏私房，落得做

個順水人情，要不然得罪了寶二爺、林妹妹、寶姑娘等等，「我不成了大觀園的反叛了麼？還想在這裡吃飯不成？」不過，好在大觀園裡的群眾性的學術團體還只是這麼一個「海棠詩社」，要是再來幾個，學會、協會、詩社蜂起，怕鳳姐兒也是難於招架的了。

由「海棠詩社」想到我們今天的各類學會、協會、聯誼會等等，那熱鬧勁兒，可真是今非昔比。奇怪的是，不管熟讀不熟讀《紅樓夢》的人，籌備這個會那個會，都會不約而同地要去請一位「王熙鳳」來充任「名譽會長」，找的人不一定那麼年輕標緻，號召力卻是非講究不可的，而且聘請的手法相同，戴上一頂「德高望重」的帽子，待到一旦應聘，就立刻打著你的招牌去請求贊助或去硬乞財政撥款。人們礙著你的老面子，況且也用不著掏私房，所以也熱情相幫，因為如果硬是扣住不給，你會想著法兒去讓他們穿小鞋的，何必討麻煩呢，打發一下算了。殊不知有的協會籌集的款項，不用於學術探討，吃喝分肥而已也。當年王熙鳳就任「海棠詩社」的「名譽會長」時，是頭腦清楚裝作糊塗，而如今我們的這些「名譽會長」、「顧問」們，不知是否有王熙鳳那樣的清醒頭腦？現在需要壓縮空氣，「學會熱」、「協會熱」的確該降降溫，壓縮壓縮，該辦的扎扎實實地辦好，不該辦的則堅決剎車。要做到這樣，王熙鳳那般的清醒頭腦裝糊塗是不成的，必須頭腦清楚辦事清楚，任你什麼高帽子，任你百般的甜言蜜語，「會長」、「顧問」之類的桂冠堅辭不受。如此這般，沒有了旗幟，也就拉不起桿子了。

1987.8

林語堂的一個觀點

　　由於魯迅先生有過措詞嚴厲的評論，二、三十年代中國文壇的著名作家林語堂先生常常不爲人們所提起，他的在世界上有過廣泛影響、曾被提名爲諾貝爾文學獎候選作品的長篇巨著《京華煙雲》，也只是最近才爲國人所廣泛知曉。

　　這篇短文當然不可能對《京華煙雲》作什麼評論，但作家對於中國文化變革的一段描寫，讀後覺得頗有啓示意義。該書的第三十二章描述了北京大學新舊文學派別的鬥爭：林琴南如何罵白話文爲「引車賣漿者之言」，如何把文學革命比作洪水猛獸；新文學運動的領袖陳獨秀、錢玄同、劉半農等又如何把一群舊派稱爲「孽種」、稱爲「文妓」。胡適當時雖爲新文學領袖之一，但在兩派的激烈鬥爭中，態度卻較溫和，林語堂寫道：「胡適青春年少，剛從美國留學歸來，說話寫文章，完全一副學究教授態度，有英國高尚的紳士風度。他聲稱那不是革命，而是自然演化的一步而已。他用西方最新的學術思想來加強新文學運動的聲勢。陳獨秀和錢玄同教授，因爲在日本留學，態度較差，給新文學運動添上不少火藥味的攻擊，辱罵性的言詞，使舊派大驚，使少壯派感到有趣，也使新文學運動增加了混亂。」很明顯，林語堂是贊成溫和的胡適的「自然演化」論的，而不主張給新文學運動加上對於舊派更多的針鋒相對的敵對色彩。

　　他的這段描寫又使人想到胡適與章士釗。他們私人友誼雖然很好，但胡適是新詩的最早倡導人，章士釗卻一直主張舊體詩，

學術觀點可謂勢不兩立。然而儘管如此，卻不影響兩人的感情，一見面便打趣，通過極幽默的方式進行辯論和探討。應當說，這是一種高層次的學術、文化爭論方式，也只有這種方式才能求得學術、文化的眞正發展。

　　文化是一個廣泛的概念，需要兼收並蓄，互相認識，互相了解，互相碰撞，互相補充，來不得機械的求同伐異。只容許一個聲音，等於扼殺文化。但文化的發展又只能在吸收各種精華的基礎上自然地演化，不能像趕集一樣，那麼急匆匆地要求文化在一個早晨便變成一個什麼樣子。這尤其需要平心靜氣地眞誠地探討論爭，任何意氣都是無濟於事的，過多的火藥味只會有害文化的發展。當今世界文化流派萬千，五彩繽紛，令人眼花繚亂。中國的文化要發展，當然可以利用對外開放的大好時機，吸取各種文化的精華並認眞地消化，但決不是生吞活剝照搬照套，而只有使中華民族的文化更富有自己的獨特個性，才能開出更絢麗的花朵。

　　林語堂先生早年間便主張文化的自然演變，而不喜歡火藥味式的相互攻擊，遺憾的是他自己便是在火藥味中被湮沒的，連他的這部很有價值的《京華煙雲》也被擱置於中華民族文化的大門之外多年。這種不理智的現象是應該早就結束了。

1987.9

驢的悲劇

看來這是一樁奇聞：醫生爲他的病人開的處方竟然是一頭「驢」。然而這絕非天方夜譚，而是現實生活中眞正發生過的，電視屏幕上映出了那張處方的畫面，處方正中空空蕩蕩寫的便是一個「驢」字。若問其故，原來是「患者」主訴：他的病需要服阿膠，阿膠需要驢皮熬製；他還得經常喝驢肉湯滋補；驢的小便也是他配製藥丸子所必不可少的。既然有這許多關節需要驢，於是他要求醫生給他的處方乾脆開出一頭「驢」。醫生想，此事雖屬新鮮，但救死扶傷乃自己的天職，於是發揚人道主義精神，大筆一揮，在處方上赫然寫下了這個「驢」。至於下文如何，未見詳細報導，但可以想像，既然這位患者能想出要醫生開「驢」的處方的點子，他也便可以不費力地覓到一頭「驢」，這「驢」在公費醫療中報銷當然也就不在話下。

驢雖被視爲蠢物，用途卻不小，除推磨、拉車、捎腳之外，還周身是寶，「天上龍肉，地上驢肉」，殺而烹之，味道極香美，尤其是被陝西人稱爲「驢聖」的「金錢肉」，常常爲歷朝歷代的達官貴人們所寵愛，此外還有不少部分可以入藥，如驢皮可以熬製阿膠，就像虎骨可以泡製虎骨酒、牛黃可以製牛黃解毒丸一樣，是古已有之的了。但對需飲虎骨酒的患者，醫生是否非得開一隻老虎，對需服牛黃解毒丸的患者，是否非得開出一頭牛，似無先例。若是那樣，虎和牛怕是早就不存在於地球上了。然而現在卻不得不爲驢擔憂，因爲它已堂而皇之地出現在處方箋上了。柳宗

元雖然在一千多年前即宣告驢的技窮，但這蠢物畢竟生生息息，繁衍至今，子孫不斷。此次口子一開，已是厄運昭然，在劫難逃，真正技窮乃在今日，豈不是驢的悲劇麼！

不過，真正的悲劇不在於驢，而在於某些患者。人若有恙，調之以藥石，此乃天經地義。然而現在，本不屬於藥石的補品乃至驢，也紛紛躋入藥石之列，一批又一批地寫在處方箋上被開了出去，雖然報刊上常常批評以物代藥的怪現象，但藥鋪子裡仍可將項鏈等首飾在發票上寫成「成藥」二字出售。「患者」需要、醫生願開、藥鋪子願賣，反正可以統統列入公費報銷，豈不皆大歡喜！更有甚者，在醫院某些病房裡，常有所謂「溜號」的，大呼有病住進去，誰知那病房裡、病床上卻見不到「患者」的影子。不順心、不順氣，為逃避矛盾而躲進病房也是常有的事，君不見那《新星》裡的顧榮，在病房裡導演了多麼熱鬧的活劇。還有的借一張病床以落腳安身，為探親訪友提供方便……回頭一算帳，成百、成千乃至更大的數目，管他三七二十一，有公費醫療呢！

公費醫療是我們的一大優越性。有些人視這優越性如同兒戲，視人民的錢財如同泥沙，不也是人的悲劇麼！

1987.9

多講無神論

筆者驚聞，1987年5月上旬茨淮新河南岸，發生了一起駭人的集體自殺慘案。七個信奉基督教的農民，因痴迷於「主」的「聖船」在召喚他們上升「天堂」，於是手挽著手，唱著聖歌，欣然步入河內，除一人被漁民搶救脫險外，其餘三人全部喪生。

這事給人們的第一個反應，便是指責他們愚昧、迷信、落後。這指責當然沒有錯。不過，這七個人不顧家庭兒女，完全斷絕生的欲念心甘情願地去死，如此痴迷，如此堅決，也還應當作一點具體分析，找一點別的原因。依我之見，其中一個重要原因，便是「無神論」講得少了，忽視了這方面的教育和宣傳，使得鬼神之類得以作祟。

「無神論」是社會進步、人類精神文明的一個起碼層次，滿腦子鬼神思想是不能適應高新科技和人類社會向高級階段邁進的。然而，相信鬼神，講天命、講因果報應，又是一種歷史深遠的文化現象。唯其是一種文化現象，所以顯得特別頑固。這就決定了「無神論」和「有神論」之間鬥爭的長期性和艱巨性。可是，近些年來「無神論」的教育在不少地方蒼白無力，這個起碼的層次被忽略了，一些理論工作者雖然大談「文化撞擊」論，卻不大提「無神論」應當向「有神論」進行強有力的撞擊。這樣迷信活動有所抬頭，迷信宣傳品不斷出現，不恰當地濫修廟宇也似乎是一種時尚，舶來品的「主」、「聖歌」、「聖船」等等，也以不小的勢力和中國的鬼神合流，在一些人的頭腦裡形成頑固的腫瘤。

茨淮新河南岸這七個善男信女，便是在這種合法的低層次文化毒害下而不幸走向死亡的。這種毒害也是有它的過程的。遺憾的是，這些善良的人們在被「有神論」所俘虜、所扼殺的過程中，卻聽不見「無神論」應有的雄辯聲音，去為他們解脫精神上的枷鎖。這不能不引起深思。

宣傳「無神論」，本來是我們的義務、權利和自由，在革命戰爭和社會主義建設的漫長時期，「有神論」、神權，從來是被當作束縛人們的罪惡繩索而毫不猶豫地去加以斬斷的。幾十年過去了，事實證明，這根繩索還沒有完全徹底被斬斷，百足之蟲，死而不僵，稍有機會，它又會無情地去捆綁人們。所以，我們還不能宣布「無神論」取得了勝利，不能放棄這方面的輿論攻勢和採取必要的行政手段。不然，聽之任之，讓無辜的人們受害甚至喪失生命，便是嚴重的失職。

我們曾經有過許多宣傳「無神論」的陣地的，如農村文化中心，被批准掛牌的鄉鎮個體文化館站等。他們開展健康、豐富的文化娛樂活動，講人類歷史的演變，講大自然的現象和規律，講人與大自然天體宇宙的關係，於是，人們的精神情趣逐漸地高尚起來，對於推動兩個文明建設起了積極的作用。然而，曾幾何時，這些當初興旺的、受到群眾歡迎的文化事業科普事業，因得不到必要的支持而處於被冷落的低潮，鬼神也就因此鑽了空子，在有的地方肆虐橫行。茨淮新河南岸的慘案，使我們清楚地看到，多講「無神論」，使「無神論」佔領人們的頭腦，多麼必要。只有把鬼神之類的精神垃圾掃蕩掉，才能使愚昧、迷信的人們從「河內」返回「兩岸」來，人們才能擺脫低級落後的文化現象，向高一級的層次前進。

1987.9

包公的棺材

　　包公以剛正不阿聞名於世，他的清廉可謂婦孺皆知，然而包公死後棺材是個啥樣子，大約是沒有多少人能說得清楚的。合肥市經過一番努力營造，修成了一座包公墓園，墓園裡又掘築了一座地宮，裡面陳放著一具漆黑錚亮的包公的棺材，據說棺材裡還放著經過鑑定後確認的五片包公的遺骨。有興趣者只要花上四毛錢購一張墓園的門票，再花上一元錢購一張地宮票，便可以在朦朧的燈光中一睹所謂的包公的棺材了。詳知內情者曾經報導，包公的棺材是用稀有木材金絲楠木製作的。為了求購這金絲楠木，市裡有關部門曾派員長驅閩南，輾轉八縣，費時半月有餘，最後在一位包公三十五代後裔的幫助下，才得以如願以償。

　　那天筆者懷著虔誠的心情去晉謁包公的棺材，正看得入迷，猛古丁聽得一個聲音：包公那麼清廉，怎麼還修地宮？死後怎麼還睡金絲楠木棺材？憑借現代人發達的思維，於鬧市之中平添一座景觀，是為了調節一下人們勞碌之餘的生活，還是以包公不朽的聲威去推銷那四角一張的門票、一元一張的地宮票？使人不得其解。看看四周，倒也遊人如織，然而出得門來憤憤然者卻不少，公然議論包公的自然不多，因為不忍在這位先賢身後近千年還去對他的棺材等等說長道短，於是將一古腦兒的不滿都推到那加起來一元四角的門票上，說看得細一點，前後也用不著半小時，要價竟這麼高，豈不是有發「包公財」之嫌麼！

　　建修墳墓、廟宇，曾經形成過一股熱，至今也餘熱未消，打

出的旗號照例都是保護古代文化，開發旅遊資源。對於曾遭戰亂毀壞、「文革」摧殘的有文物價值的陵園、廟宇作一些修復，自然無可非議，但像如此這般運用現代工程的構想去修包公墓園、製作金絲楠木棺材，實在有點不倫不類，既無文物價值，也不存在什麼修復的意義，倒是與某些地方曾出現過的修墳墓熱不無相似之處。

　　包公有兩句詩：「清心爲治本，直道是身謀。」人們景仰包公、懷念包公，是因爲他清廉正直、執法如山、不畏權勢，包公祠裡陳列的有關包公的遺物史料，包公祠邊的廉泉井，就使人們流連忘返，反復思索。包公還有兩句詩：「史冊有遺訓，無貽來者羞。」現代文明要求人死之後實行火葬，正當此時，卻弄出來一個包公的棺材，說是張揚落後習俗，有點過分，但確與時代氣氛不宜。更何況在新建的墓園中，包公的妻兒子媳等等的墳台也一座座赫然排列其後，很有些封妻蔭子的氣象，不知道是否違背了包公的本意，我看是有點「有貽來者羞」的味道，也實在有悖於墓園籌劃者紀念包公的初衷。

1988.1

施肩吾的一首〈感遇詩〉

　　偶翻有關記述唐代詩人軼事之類的雜書，覺得詩名不太大的施肩吾頗有意思。施肩吾是唐代進士，和他同科考中的共有二十九人，其中一位名叫崔嘏的，因病瞎了一隻眼，只好以珠代目。發榜之日，二十九人同時看榜，施肩吾即興吟曰：「二十九人及第，五十七眼看花。」此詩有些諷刺意味，但更多的是逢場作戲，充滿著滑稽幽默，由此可以看出施肩吾性格中不拘一格的一面，很覺得有點不一般。

　　後來又讀到施肩吾的一首〈感遇詩〉，更加深了對這位詩人的印象。這首〈感遇詩〉四句二十字：「一種貌如仙，人情自要偏，羅敷有底好，最得使君憐。」羅敷又稱秦羅敷，是古代美人的代稱，在歷代詩文中，對這位傳說中的美人羅敷提出不同看法的，這首詩大約最鮮明，不過詩人的主旨不在於否定羅敷，而在於對「人情自要偏」的人生現象發出質問，借羅敷以鳴心中的不平也。既然是〈感遇詩〉，大概和自己的身世經歷有關。從極少的史書記載得知，這位詩人施肩吾進士及第之後，「不待除授」，即歸隱洪州（即今南昌）西山做道士，一輩子都沒有做過官。他考中之後始終沒被委派什麼差事，即去當道士，其中定然有所原委，是否受到了「人情自要偏」的不公正待遇呢，是不是因為他不拘一格的灑脫性格不受歡迎呢，不得而知。

　　喜歡這首〈感遇詩〉，當然不只是因為它明白曉暢、鮮明強烈，更主要的是這首詩中揭示的「人情自要偏」的不平人生現實，

自施肩吾所處的時代至今也還沒有解決，所以仍能給人以警醒。所謂偏愛、偏心等等，常常發展成爲袒護、包庇、裙條風，親親提攜，爲平庸提供了多少通道，又壓抑了多少人才！當然，「人情自要偏」作爲人的感情表露，不管是當權者還是一般的平頭百姓，都是不可避免的，然而你儘管可以和「羅敷」保持著美好的私人間感情，但對「羅敷」如何安排如何使用，卻應秉公而行。對於「羅敷」之外的其他人，不管他相貌如何，也不管他性格怎樣，你喜歡還是不喜歡，只要他有爲社會效力的德與才，就應當公平對待，合理安排，努力造成一種「人情莫要偏」的良好社會氣氛。現在，社會又流行一種說法叫「感情傾斜」，也的確感情這東西，你叫它一點都不傾斜，也實在難矣哉。傾斜到什麼程度？有識之士說：比如一個花瓶，放置在桌子上，有一點傾斜也是可以的，只要這花瓶不倒掉不砸爛便可以了。誠哉斯言，在對待人的問題上，如若野無遺賢，社會定然蓬勃發展。

1988.2

「嚴飭之」

　　清人王士禛的筆記《池北偶談》中有一則〈卻鸚鵡〉：「康熙二年，西邊大帥某得黃鸚鵡，以黃金作籠。表上，上卻其獻，嚴飭之。」這位大帥想得是很好的，黃金籠裡裝著一隻黃鸚鵡，可謂富麗堂皇，相得益彰，然而他邀寵的方法卻過於直露，當朝上表進貢，未免太嫌惹眼，所以萬歲爺不僅當即拒絕，而且「嚴飭之」。真是偷雞不成，反而蝕了一把米。這則筆記雖有為康熙爺塗脂抹粉之嫌，但不管怎麼說：「嚴飭之」總比「笑納之」要好，不然「上有所好，下必甚焉」，豈不百姓該死。

　　康熙爺的「嚴飭之」或許只不過是裝裝門面，以示皇上的聖明。筆者近聞一個「嚴飭之」的故事，卻是比它要高明得多。某省直單位一姓楊的工作人員，想回老家當縣長。這當然無可非議。他可以毛遂自薦，也可以去競爭。然而他沒有這樣做，而是想打通關節走門子，於是挖空心思送給省委一位負責同志現金1000元，明目張膽行賄買官。這位負責同志念他年輕，責令他所在單位的領導對他進行批評教育。可是還未來得及談話，這位年輕人的升官夢卻做得正甜，心想可能是1000元買個縣長太少，立即又籌措了2000元加一台20英吋的彩電送去。省委負責同志十分憤怒，只得讓司法部門來處理，經公開審判，認定他犯有行賄罪，只是沒有造成什麼後果，免予刑事處分。但3000元人民幣和一台20英吋彩電依法予以沒收，留黨察看兩年，行政上也受到降級的處理。這種訴諸法律的「嚴飭之」，當然比起歷朝歷代那種做

做樣子是要徹底得多,也透明得多;而且將這種人皆鄙視的醜事訴諸公堂,讓更多的人都知道,可以擴大「嚴飭之」的社會影響,在更廣泛的範圍內起到監督作用。

古往今來,拒絕送禮、拒絕賄賂,並且「嚴飭之」的美談雖然時有所聞,但畢竟鳳毛麟角。和重金行賄、受賄徇私之類的骯髒交易比較起來,確實少得可憐。就眼下而論,「嚴飭之」也遠未形成風氣,行賄者卻往往得手,這種正不壓邪的狀況,使得一些鑽營投機者常常抱著僥倖心理試試看,反正伸手不打送禮人,真的不收也就算了,更河況有錢能使鬼推磨,金錢、物質的誘惑力可是無法估量的呀。別看有的人在辦公室裡,你遞上一根煙,他一本正經地嚴肅推讓,可他卻往往把他家住址的門牌號碼告訴你,讓你有事可到家裡「談」,其中的奧妙,非正派人所能了解。

要使行賄之類的醜惡現象少些再少些,拒賄是極為緊要的,要他欲賄無門,送不進去。而拒賄的最好辦法就是「嚴飭之」。誰來行賄,不是簡單地拒絕不收,而是公開揭露,登報、廣播,公之於眾,情節嚴重的,還應讓他到公堂上去受審,盡數沒收他行賄的財物。只有這種「嚴飭之」的風氣形成,行賄要官之類的腐敗現象才能有效地鏟除。

1988.2

蒲松齡應當感激王漁洋

　　蒲松齡是中國文學史上當之無愧的短篇小說之王，一部《聊齋志異》所塑造的眾多花妖狐魅女性形象，真可謂千姿百態，和易可親，使人讀來忘為異類，至今膾炙人口。蒲松齡的成功，當然要首推他的超人才華和堅韌毅力，但與其他因素也不無關係，其中尤以王漁洋（王士禎）對他的幫助耐人思索。我以為蒲松齡是應當感激這位司寇大人王漁洋的。

　　王漁洋是蒲松齡同時代的人，只比他大六歲。在《聊齋志異》還未寫完、更未刊刻的時候，王漁洋便當了很大的官，是刑部尚書，朝廷的重臣。同時詩名也很高，號稱當時的詩壇宗師。正是王漁洋第一個評點了《聊齋志異》的部分手稿，並對蒲松齡的才華大力讚賞，稱之為「非尋常流輩所及也」。剛剛播放的電視劇《蒲松齡》有這樣一個情節，正當王漁洋極為賞識蒲松齡的時候，蒲松齡卻處於坐館授徒的長期貧困潦倒之中。他的友人極力在王漁洋面前推薦蒲松齡，希望能給以提攜，使他擺脫困境。至於蒲松齡這位老先生自己，我們當然也不必把他想像得過於超然物外，他也是想通過仕途來施展自己的才華抱負的，只是屢試不中，使得他毫無辦法。想來王漁洋如能給他謀個一官半職，他也是不會拒絕的，他被窮困折磨得夠苦了。給這樣一個當時已有相當名氣的蒲松齡謀個差使，在王漁洋來說，是不費吹灰之力的，而且還可以落個「唯才是舉」的美名。然而王漁洋並沒有這樣做，他沉吟再三，對蒲松齡的結論是：「只可為文，不宜為官。」看來有

點冷酷，實則知蒲松齡者，王漁洋也。正是這「只可爲文，不宜爲官」八個字，在很大程度上成就了蒲松齡。我想蒲松齡之要感激王漁洋的，也正是要感激他爲之定下的這八字方針。假如當初王漁洋眞的應了蒲氏友人所求，爲他謀了差事，當了官，那蒲松齡處於政務、瑣務、雜務之中，是否還有機緣於村野酒肆去採集那些流傳民間的故事、傳說，是否還有那般的憤懣之情，是否還有我們現在所看到的《聊齋志異》，都是很難預料的。王漁洋說他「只可爲文」，不就是要他集中精力把《聊齋志異》寫下去，寫得更好些嗎？認爲他「不宜爲官」，不就是看出他秉性亢直，知道他一旦有個差事，必然和當權者合不來，必然分散精力，影響《聊齋志異》的寫作嗎？這樣來推論，當然不見得十分科學，然而讓一個人去發揮所長，避其所短，卻是歷史上成就許多大事業的一條重要經驗。

　　時間已經過去了兩百七十多年，再來談論蒲松齡應當感激王漁洋之類的閑話，並非要蒲老先生來認這一筆陳年老賬，只是說今人應當從蒲、王之交，尤其是王漁洋的遠見卓識中看出一點什麼蹊蹺來。按照今人的通例，如果說某個知識分子受到那位負責同志的關照，就是被提拔當了官。重視知識分子，也就是把那些學有所長的知識分子在這個位子上安一個，那個位子上安一個，不管願意不願意，擅長不擅長，都讓他們去畫圈，去作一些例行公事的講演，泡在一大堆解脫不了的會議和雜務之中。這樣人心不安，學無所成，不能說不是一個損失。他們之中雖然沒有人再寫什麼《聊齋志異》，但若讓他們集中精力，發揮所長，是可以創造出其他的精神、物質財富來的。當然，我們不能像當年王漁洋那樣，除了八個字之外，再沒有什麼別的關照舉動，而應當給那些毅然獻身科學進步的知識分子創造更好的工作環境，提供更

好的工作條件，讓他們能更好地施展自己的才華。值得一提的是，經過實踐的經驗，一些學有所長、雖被推到一定領導崗位上的知識分子，有的已提出辭呈，要求到能發揮他的一技之長的地方去從事他的專業，這是正常的現象，是一種進步，應當熱忱歡迎，眞誠支持。爲知識分子創造了將他們的知識、才能貢獻給社會的條件，也是會受到他們的由衷感激的。

1988.2

「不安分」云云

　　在我們這個古老的國度裡，老祖宗幾千年來一直訓導我們要「安分守己」、「安貧樂道」。於是，「不安分」云云，理所當然是一個貶義詞，而「不安分」加之於文化人——作家、藝術家，似乎也約定俗成，許多人都不約而同地作如是觀。

　　文化圈子裡的人，因為是人，「不安分」者確乎存在，有的寫了不健康作品、演出了不健康的節目，有的不按章交約所得稅，有的生活作風不檢點，有的……，但這「有的……」又確乎不能包括所有的文化人，而這「有的……」也確乎存在於不是文化圈子的許多人之中。即令不舞文弄墨寫壞作品、不粉墨登場演壞節目，然而千方百計地抄錄、傳看骯髒的手抄本，拉起黑窗帘子看淫穢錄相片，或出入那些不該去的地方「泡妞」、嫖娼，卻不乏其例。至於耍弄特權，幹些蠅營狗苟之事，也不時見之於報端。但「不安分」云云，仍然不能從文化人的頭上去掉，也仍然聽不到講文化圈子之外的人「不安分」。這確乎有點不公平，也可以看得出幾千年來「重官輕文」、將文化人等同於弄臣等同於下三流的古風猶存。

　　不過，將「不安分」絕對地視作一樁壞事、認為是一種惡謚，似乎是有點離譜兒了。如果人類自誕生以來，就那麼安守本分，一步也不越雷池，那不還是住山洞、衣獸皮、茹毛吮血、刀耕火種麼？正是有那麼一批人「不安分」、想入非非，經過不斷的探索、失敗、再探索，我們才有了電燈、蒸汽機、電腦和整個現代

文明。我們正在進行的改革，不也有人稱之爲「不安分」麼？以文化人而論，曹雪芹如果安貧樂道，如果沒有一點叛逆精神，也就沒有《紅樓夢》；魯迅如果甘於他所處的那個黑暗時代的種種醜惡和殘忍，也就沒有他的那些輝煌的雜文。同理，這些年來如果沒有許多文化人的開拓創新，也就沒有文化藝術的巨大繁榮，也就不可能出現那許多令人一贊三嘆的傑出文學藝術佳作。這一切都是和「不安分」聯繫著。從一定意義上來說，「不安分」和創造性的勞動是緊密地聯繫在一起的，而迂執於「安分守己」，其後果必然是風平浪靜、死水一潭。

　　但願文化人不做非分之事，大家都是好公民；但願文化人在事業上「不安分」，多創作出好的文學藝術佳作。

　　「不安分」云云，隨它去吧！

1988.1

關於「門面」

　　講究門面，將自己的外表弄得光鮮氣派一些，大約乃全球通例。不過我們的老祖宗於「門面」之道卻有許多獨創，「門面」可謂咱們的國粹，而且沿襲至今。

　　今年是戊辰龍年，春節前後關於龍的文章做得眞夠花俏，而且清一色的大吉大利。龍本是沒有的東西，是意念中的「人文動物」，也有學者說龍是蛇的延伸，所以現在蛇還被稱爲「小龍」。我始終弄不清楚龍爲何成了中華民族的象徵，我們又如何成了龍的傳人。既然蛇是龍的本源，蛇爲什麼落到那般討厭的田地。自從想到我們是一個愛講門面的國度，這個問題也便釋然了。原來龍也是爲了用來裝門面的，越神乎越玄乎便越能胡弄人，皇帝可以成爲眞龍天子，我們也甘原成爲龍的傳人，而蛇那般的醜陋，誰願以它自喻呢？用蛇來裝門面豈不丟人現眼嗎？這和有的民族以袋鼠爲象徵相比，裝門面的功夫是強得多。不過門面再好，卻是空的，龍在哪裡呢，終究虛無縹緲，袋鼠再不起眼，畢竟是現實的存在。所以當初眞不如來個蛇崇拜，可惜我們的老祖宗想的是如何使門面好看些，終究看不上蛇那赤條條的瘆人模樣，而要在蛇身上加上片片金鱗，又加上強勁有力的爪，頭上生出角，唇下生出鬚，讓它體格膨大，而且騰雲駕霧，神奇無比，威武壯觀極了。然而這一切都是不存在的，唯有蛇在草叢裡迤透地蠕動。門面雖裝得好看，然而拆開來，似不及人家袋鼠。有人說十二生肖中十一種生物是上帝造的，唯獨龍是中國人自己造的，所以偏

愛，所以用來裝門面。悲哀的是，我們造的龍是看不見摸不著的。

　　關於門面，老祖宗自然不只是造了一條看不見的龍，還有許多熱鬧的東西，比如宮廷裡跳舞，也是各有各的門面。「天子八佾，諸公六佾，諸侯四佾」，這是亂不得的，當官的坐的轎子也有八抬四抬之分；至於皇帝的儀仗，規模、氣勢都十分驚人，那門面可謂金碧輝煌，世界上堪稱獨一無二。現在老祖宗們正漸次地行時起來，不少人忙著爲他們造棺材、修陵墓、建廟宇，數典忘祖的事兒是不至於發生了。然而老祖宗們獨創的門面行時得更早更烈，肩輿是早就演變爲轎車了，你有豪華的，我還有超豪華的，似乎越是高檔，門面越光鮮，吉普車早已只能作爲運載貨物的工具了。有的縣太爺們，在他們的治下雖然常常窮得年終發不出工資，但那豪華車卻擦洗得油光錚亮，坐在裡面，仍然自我感覺良好，覺得挺有門面。

　　某一個時期，關於門面的看法似乎和老祖宗們發生了一點分歧。在老祖宗的門面觀裡，錢是很要緊的。除了大官有門面，家資萬貫，良田千頃，童僕成群，也很有門面。自然當了官也便有了錢，所謂「三年清知府，十萬雪花銀」是也。然而，某個時期我們的門面與錢似乎是格格不入的。津浦線上有一個小站門台子，盛產烤煙。有一次我偶然到那裡去，對著一座灰黑的小洋房出神，被告知曰：這是英國人早年間建造的，前不久來登記造過冊，索回他們的產權。這件事給了我一個震驚，這固然表現了英國人的精細，更看得出他們視產權爲神聖。產權裡自然包含著錢。對比之下，我們是不喜歡錢的，於是一筆勾銷了日本對我們的戰爭賠款，這似乎是在說那殘忍的燒殺奸淫搶掠，那數不清的血流成河，是不能用錢來抵償的。想當年，甲午之後，日本天皇　索要清廷的賠款可毫不含糊，兩億三千萬兩白銀，相當於1894年日本全

年財政收入的四倍。然而我們信奉的卻是窮也得有窮的門面，要了賠款豈不是丟了門面？而且窮的門面裡又擺出了窮的大方，於是越南人可以用成千上萬包的中國大米做工事掩體向老山等地進行挑釁。當然，經過一個轉折之後，是再也不相信那越窮越光榮的門面了。老祖宗的視腰纏萬貫為門面，不獨得以繼承下來，而且發揚光大。宴會上不是有手錶冷盤、信封冷盤嗎？赴宴者不但可以盡情地品嚐莫酒佳餚，而且每人還可以得到一塊手錶、一只信封，那信封裡裝的是一迭子百元一張的大鈔嗎？如此用財富裝門面，怕是老祖宗沒有想到的。這種驚人的鋪排，卻令人乍舌也顯得過於賣弄。

遺憾的是，講究門面的遺風並沒有完整地繼承下來，比如日常所需的青菜八角甚至一元一斤，豬肉一斤據說已有要價十元的，這自然無異於搶劫。和外國人談判生意，談著談著卡住了，卡一次便要求人家送一次東西，彩電一台不行要兩台，因為還有個未出面談判的領導。暗示外商塞「紅包」已不滿足了，而是要送禮人把外匯存到境外銀行去，以備將來受用。這新式的西崽當然是丟了國格人格門面的。

寫到這裡，這篇短文本應結束了，但突然又想到了漢武帝和淮南王劉安之間關於門面的一則軼事，據《神仙傳》載，劉安「辯博有才」，所以漢武帝發給他的特詔報書，都要請司馬相如等大文人修改定稿，怕鬧出笑話被劉安看不起。這當然也是裝門面，不過這種裝門面卻促成了某些認真，也促成了司馬相如的文名。想到現在我們一些頗有規格的機關，行文不講文法，錯別字、生造字屢見不鮮，在很講究的信封上信筆塗鴉，卻不怕下屬笑話，書刊報紙裡的錯亂也不怕讀者厭惡，門面又似乎成了無所謂的。剛剛辭世不久的前輩葉聖陶，對於公文那是嚴格得令人敬佩的，

他在教育部任副部長時，對於無論什麼人起草的文件，都要字、詞、句、標點符號一一審定訂正，有時還進行面批，邊改邊講，使許多人終生受益，這自然不是漢武帝與劉安之間那般的講門面，而是一絲不苟的負責精神。我想葉聖老的風範對於我們是永遠地用得著的。

　　門面總是還要講下去的，是耶？非耶？講門面的人自己應當清楚。

1988.3

不要吊自己的胃口

　　的確令人震驚：他去年大學畢業分配到北京令人羨慕的某大機關工作，可是上班不到二十天他便自殺結束了自己的生命。原因很簡單，他有一個往上爬的規劃：五年或八年當上處長。然而上班五天之後他按規定必須到基層鍛鍊一年，他認為下基層不利於實現自己的規劃，於是向人事部門的一位副處長送上一疊「大團結」以求通融。他的行徑理所當然地遭到了拒絕。他感到絕望、難堪，於是走上了絕路。《中國青年》雜誌在披露這一令人痛心的事實時，把這位「英雄氣短」的年輕人稱為「驕子」。

　　人們不禁要問：「驕子」為何如此這般之「驕」，竟然「驕」得連自己的命都不要了？我想，除了「驕」之外，還有另一種東西的誘惑——權欲的誘惑，這種誘惑使這位「驕子」，把自己的胃口吊得太高了，以至吊在半空中無法落到地上來，只得無可奈何地飄向冥冥的天國。權力，是很神聖的東西，很莊嚴的東西，也是很容易使人走火入魔的東西。在人類歷史上古今中外不少英雄豪傑正確地掌握和運用權力，推動了歷史的前進，也有不少專權者因為權力的膨脹，變得更殘忍、暴戾和荒淫。中國共產黨自誕生以來，就明確宣布要用自己的權力來為人民服務並不斷地用自己鐵的紀律來制約那些濫用權力者。儘管如此，以權謀私、特殊化等等在今天也仍未絕跡，並且在不斷地誘惑和腐蝕一些脆弱的年輕人。這位「驕子」便是受害的一個。他只看到圍繞著權力的美麗光環，然而沒有去掂量權力所蘊含的重大義務和應為之作

出的某些犧牲。他是被權力的外在光環所吞沒的。

　　這種吊胃口，不僅表現為對權力的追求，還表現為對權力的輕視，把權力看得無所謂，以為得來全不費工夫。這些年來，一些優秀的年輕人被選拔到領導崗位上，這是我們事業的需要，一般來說效果不錯。但與此同時，在這新舊交替的茬口，正確的權力觀卻沒有引起普遍的重視，致使一些剛出校門的年輕同志看到他們所熟悉的工齡並不長的學友或朋友，似乎不費什麼事，更沒有什麼驚天動地之舉，便猛古丁地當上了這個「長」那個「長」；於是在他剛剛踏上工作崗位時，不是用心思去琢磨如何把他所承擔的那份工作幹得更好些，而是想入非非，如同那位「驕子」那樣訂起五年八年要當處長的規劃來，科長、秘書、幹事等等，在他們眼裡是算不得一回事的。

　　孫中山先生有句名言：「不要做大官，而要做大事。」這真是抑制權慾的良藥。可是這句名言卻不為某些人所記取，不少年輕人倒是更崇拜拿破崙的那句名言：「不想當將軍的士兵不是好士兵。」其實拿破崙說的也是一句很吊胃口的話。把領導幹部稱為公僕，這是對權力的含義所作的再清楚不過的解釋，然而特權者、以權謀私者所忘的正是這一點。正在前進的事業需要一些年輕的人走上領導崗位，但需要更多的年輕人在平凡的崗位上做出不平凡的貢獻來。如果不是這樣去思考問題，而是互相攀比，自己把自己的胃口吊得高高的，那將有百害而無一利。

1987.4

「懶龍」雜說

　　1988年2月25日新華社發了一條電訊，批評西安、咸陽、長安等地的一些機關，農曆正月初八還在「過年」，使一些前來辦事的人叫苦不迭。許多報紙都刊登了這條電訊。《工人日報》別出心裁，為這則電訊加了一個〈龍年也有睡不醒的「懶龍」〉的標題，提出了「懶龍」這一令人警醒的概念，同不斷升溫的「龍年熱」唱反調。

　　1988年是戊辰龍年，這只不過是用甲子和十二生肖推算出來紀年的時間概念，和用阿拉伯數字紀年沒有什麼根本的區別，只是帶有濃厚的民族傳統文化色彩罷了。然而，龍年到來之前和龍年到來之後，關於龍的文章卻做得特別多特別足。幾乎無報不龍，無刊不龍，確然形成了一股龍年熱，而且眾口一詞，稱龍年為「吉祥之兆」，好像今年真的可以撒土成金，一下子變得闊氣起來似的。這固然露出了某些愛趕時髦和慣於自我安慰的弱點，也確實可以看出我們寄希望於未來的美好心態。

　　其實，在十二生肖中，唯獨龍是子虛烏有的，人們說不清它到底是什麼樣子，歷來是既玄乎又神乎。有學者經過艱苦的考證，先說它是「雲的生命格」，虛無縹緲得很，後來又說它是灣鱷，兩棲爬行類，和揚子鱷差不多，只是比揚子鱷大得多。鱷魚之類，作為活著的動物化石，自有它的研究價值，也有保護意義，但我們把它引為祖先，自稱為它的傳人，視它為民族象徵，這個動議的提出不知始於何時始於何人，又是如何得以通過的？倘若明白

了底裡，不僅沒有什麼值得炫耀的，還有說不出的敗興滋味；認定它有什麼神功，期望它給人間祈祥賜福，更沒有什麼根據。不過，這也符合我們這個民族的某種心態，越是朦朧，越是不透明，便越是可以神化。於是皇帝便可以自命為「眞龍天子」將自己的所作所為，統統說成是上天的旨意，如果自命為「眞牛天子」或「眞馬天子」，成了牛頭馬面，豈不是又醜又惡又過於平凡麼！傳說中的龍除了有諸如「生龍活虎」、「龍騰虎躍」的美譽之外，還有一個不好的習慣，就是生性慵懶，入冬後即開始多眠，一直到第二年「驚蟄」之後，才開始挪動它的身軀，所以「驚蟄」，又稱「龍蛇之蟄」。慵懶與我們的民族精神是格格不入的。

　　龍畢竟只是人們意念中的「人文動物」，講上述這番話的目的，卻也並非要去迎合什麼「逆反心理」，而是在於說龍年並沒有什麼特別的神龍護佑，不可能萬事大吉，前進中遇到的麻煩事兒可能還很不少，事事要我們去奮鬥，處處要我們去抗爭，不然，將「龍年熱」的溫度升得再高些也是無濟於事的。正月初八還在「過年」，也不獨是西安、咸陽、長安等地，類似的情況可能還不少。有的人倒是很忙，不是忙別的，而是忙著登記結婚，全國不少地方驟然出現了「突擊結婚熱」，據說是為了「龍年生貴子」。這種非理性的落後說法，和「懶龍」相照應，眞是道道地地的糊塗龍。這個龍文化的副產品是不是可以使人窺見我們這個民族的某些沉疴呢！

1988.4

周作人的閑適

　　近來時常有文章談論周作人先生，岳麓書社經過批准也決定有選擇地出版周作人先生的文集，這在建國以來是第一次，對於重睹周先生的文章風采，對於中國文化史的研究，都不失爲有益之舉。

　　讀周先生的散文，除感到清新明朗，如同行雲流水一般之外，一個總的印象便是突出地覺得了它的閑適。閑適當然不是一件不好的事。清心寡慾，讀讀書，彈彈琴，邀二三子杯酒相聚、煮茶品茗，不爭名於朝，不爭利於市，對於文人雅士來說，或許是極愜意的。周作人先生就很傾心於這樣一種閑適的境界，他的文章常常涉及「吃茶」、「吃菜」、「喝酒」、「鳥聲」等生活趣事，而且寫得委婉動情，令人傾慕。他以爲「喝茶當於瓦屋紙窗之下，清泉綠茶，用素雅的陶瓷茶具，同二三人共飲，得半日之閑，可抵十年的塵夢」，並極欣賞「重湯炖熱，上澆麻油」之類的乾絲茶食（見《吃茶》）。由於追求閑適，於國計民生也便很淡漠，他說：「我對於信仰，無論各宗派，只有十分的羨慕，但是做信徒卻不知怎的又覺得十分的煩難，或者可說是因爲沒有這種天生的福分罷」（《知堂文集序》）。正因爲他在閑適的氛圍中兜圈子兜得慣了，所以不很適應中國一向很不閑適的國情，因此日本人一打過來，他便依附了過去，雖也求得了某種閑適，但其漢奸行爲卻不可能原諒。他的大哥魯迅先生雖與他同屬翰墨生涯，然則品格大爲不同，一生以社稷民生爲重，筆底充滿著憤世疾俗之

情，其文章人品一向是後學者的風範。魯迅是不是一點也不願閑適呢？我想也未必，他慨嘆「無情未必眞豪傑」，他反問「憐子如何不丈夫」，他當然也嚮往一種閑適的妻兒、親朋之間的天倫之樂，但不閑適的中國使得他一刻也閑適不下來，他唯有戰鬥。這可能便是他兄弟二人的區別罷。

　　周作人先生一味地貪圖閑適，國難當頭，戰火紛至，他還一味閑適，竟至於依附於侵略祖國的日本人，當然極不可取。然而周先生文章充盈著的一種閑適美，卻不可置之不顧。塵封近四十年，現在看來是一種笑談，卻也窺見了仍然一直不很閑適的國情。現在出版他的文章，也出版了林語堂的一些書，是不是國情就閑適了呢，也不是。不過現在的不閑適和以往的不閑適，有根本的區別。過去是左的東西在那裡興風作浪，傷害了許多好人，現在則是一種朝氣蓬勃的競爭，大家都奮勇向前。因此周作人先生文風中的閑適美，也便可以成爲文化藝術競賽中的一種借鑑了。

1988.4

范蠡是打了辭職報告書

　　前不久，報紙上有讚揚春秋時越大夫范蠡的文章，說他幫助勾踐滅吳後，覺察到勾踐只可以共患難，不可同富貴，毅然退隱江湖，改名陶朱公，以經商致富，攜西施同遊天下，表現了不同一般的見識。說這件事，當然不只是發思古之幽情，而是對前些日子沸沸揚揚、至今也沒有完全冷卻下來的「創收熱」有感而發的。

　　范蠡作爲一個著名的歷史人物，他的經歷的確是不同一般的，「陶朱、猗頓之富」向來爲史學家和文學家們所稱道。不過作爲越大夫的范蠡和以經商爲業的范蠡，其間的界限卻了然分明，一點也不混淆。當越王勾踐處於極度困難的時候，范蠡作爲他手下大臣，堪稱忠於職守，日思夜慮，出謀劃策終使勾踐得以雪會稽之恥。而當越國成爲「五霸」之一以後，范蠡對政事不再那麼感興趣了，他想到了用治國之法去發家致富，「既已施於國，吾欲用之家」，決心去做生意。范蠡畢竟是個光明磊落的人，他是來得清楚，走得明白，似乎沒有以大夫的職權去販賣什麼緊俏商品的劣跡，因爲他「浮於江湖」之前，即辦了離職手續，向勾踐打了辭職報告。《國語》記載他的辭職報告極簡潔，只有兩句話：「君王勉之，臣不復入國矣」。改掉了姓名，離開了本土，想來他是不大可能幹出以權經商的勾當來的。

　　時下，有些機關很講究「創收」。做好本職工作之餘，眞正是通過自己的創造勞動，去獲得一些收入，來改善一下機關同志

的「菜籃子」，本也無可厚非。但有的地方似不及范蠡那樣的「清楚」、「明白」，把創收等同於經商做生意，經營商品和販賣權力又混淆在一起，所謂「權力經商」的暗流正像瘟疫一樣悄悄蔓延，什麼最緊俏，便販賣什麼，甚至城鎮戶口都可以出賣。機關不准辦公司、不准辦企業，本來早有明文規定，其實憑權力做生意的事兒也早在暗中進行，一張條子便使成批的搶手貨到手；自己不出面，讓老婆孩子上陣，不費吹灰之力。口袋裡便能裝進厚厚的一疊票子，名曰：「信息費」、「勞務費」，實際上是權力收入！這些人的暴富是不能比之於「陶朱、猗頓之富」的，因為他們越富，老百姓便越受其害。如果歷史上范蠡經商致富成為美談，那麼，今天那些不打辭職報告，而又在那裡經商的「范蠡們」，遭到人們的譴責詛咒，則是理所當然的。

當此改革的關鍵性階段，警惕一下形形色色的不打辭職報告、暗中經商的人，想來是十分必要的。我們總不能眼睜睜地看著他們把人心搞亂，激起群眾的憤怒情緒，而使改革複雜化吧。人們也竭誠地希望他們，如果繼續為官，便不要幹那種以權經商的勾當，還是要多講一點廉潔。如果真的羨慕作為陶朱公的范蠡，那就寫一紙辭職報告。

1988.6

「無需警惕」

　　最近，有的報紙告誡人們：「警惕新的讀書無用論」，提出了一個新的社會問題。不過稍一思索，也便坦然了：「無需警惕」。

　　「讀書無用論」對於我們來說並不陌生，曾幾何時，知識越多越反動，教授、科學家、工程師、作家、藝術家等，幾乎無一例外地成了牛鬼蛇神，交白卷的反倒成了英雄。這一切的一切明白無誤告訴人們：讀書無用。因此也白白地耽誤了一代人。損失的慘重、教訓的深刻，至今使人想起來仍然痛心疾首。但這畢竟是十幾年前的事了，歷史終究不會倒轉過來。

　　如此說來，是不是根本就不存在新的「讀書無用論」呢？當然不是。農村的一些孩子停學去幫助父母耕種責任田，文盲呈上升趨勢，某省農村便有一百萬適齡少年兒童失學，已是眾所周知的事實。城裡有些孩子棄學從商，以掙錢為樂，同時也解決令許多人難以承受的菜籃子問題，亦無庸置疑。至於在校大學生，據說是受到近年來出現的腦力勞動與體力勞動經濟收入倒掛的影響，一想到本科畢業後才能拿到並不豐厚的工資，只能勉強糊飽肚皮，遠不及一些簡單體力勞動者的收入高，攻讀書本的勁頭也便小了。以上種種現象當然不可忽視。

　　情況既然如此，為什麼還說「無需警惕」呢？

　　道理很簡單，因為我們有尊重知識、尊重人才、把科學技術作為發展國民經濟的根本等一系列方針政策，有使教師成為全社會都羨慕的職業的願望與許諾。這一切都是作為基本國策向全社

會進行過反複闡述的，學生、家長、教育界、知識界都十分明白，並且爲此而歡呼雀躍過。現在的問題是落實得怎麼樣，兌現得怎麼樣？我想，這新的「讀書無用論」，或許和上述美好的言詞，不少仍是寫在紙上、講在嘴上，而還沒有落到實處不無關係。知識分子雖清高，也希望衣、食、住、行等等能逐步有所改善，少一些後顧之憂。君不見五十多歲的教授、副教授、研究員、副研究員等的發病率、死亡率佔了一個不小的比數麼！君不見物質產品紛紛漲價，唯獨某些精神產品的價格──比如稿酬，保持著「穩中有降」的勢頭麼！

以上種種，或許是相當一部分家長和學生對於讀書求學的熱情減退的一個原因。「書中自有黃金屋」，「萬般皆下品，唯有讀書高」是封建時代讀書人的夢想和信條，如今在絕大部分知識分子的心目中是早就被打碎了的，然而又不能反其道而行之，老是把清貧和知識分子聯繫在一起。

說了這半天，無非是想講明一個道理：知識分子並非言不及利。如果尊重知識、尊重人才真的落實了，真的落實到了分配制度上，那麼新的「讀書無用論」便沒有滋生的土壤，因而也就「無需警惕」了。

1988.6

雜文與五香蠶豆

　　雜文與五香蠶豆之間的關係，想來是沒有人研究過的。然而，合肥市的個體商戶「蠶豆大王」黃家源卻研究過了。不信麼？他經營的五香蠶豆的流動貨車上就掛著一篇雜文，抄錄得工工整整，並鑲嵌在一個玻璃框內。

　　去年上半年的某一天，鄙人去買黃家源的五香蠶豆，不知怎的，竟被他那「一毛吶——吃熱的」抑揚頓挫的叫賣聲逗引得神魂顛倒，不知不覺地在他的貨車邊流連了半個多小時，回來之後，又發了一通聯想，寫成一篇短文〈看「蠶豆大王」做生意〉登在廣州的《羊城晚報》上。五香蠶豆也吃了，聯想也發過了，此事本應了結。不料，卻接二連三地有人和我打趣：「和『蠶豆大王』熱乎上了，『吃熱的』該不花錢了吧，哈哈」，「『蠶豆大王』是大戶，給他做廣告，可多收一點兒廣告費。」這些當然都是笑話。其實，我與「蠶豆大王」只是我認得他，他卻不認得我。之所以有人和我打趣，其原因蓋出於鄙人的那篇短文：〈看「蠶豆大王」做生意〉。登報不久老黃便全文抄錄並掛在了他的貨車上。

　　弄明了這般原委，心想「蠶豆大王」真是精得很，不知他的生意經又有什麼新套套。於是我去拜訪了黃家源。一見面黃家源便很認真地對我說：「你的文章一掛出來，看的人多，品頭論足的人也多。看過之後，總是要來一包的。」言下之意是有了那篇文章，生意更興隆了。我接著問：「這就些嗎？」黃家源頓時笑了起來：「你們寫文章的人最耽心的就是文章登出來之後，我又

變了，不保質保量了，不熱情周到了，我哪能抹你們的面子，一毛一包不變，質量還要提高、蠶豆還要做得更有味道些。」我有些不解：「你本來就是薄利多銷，現在不少東西都漲價了，你的五香蠶豆價格不變，還要提高質量，這生意怎麼做呢？」黃家源笑道：「我有我的辦法，降低成本唄。比如你文章裡寫到的用來叉蠶豆的衛生棒，過去都是買牙籤，兩角錢一包。現在我自己削製，在鍋裡高溫煮沸消毒，作用一樣，卻不花錢。還有，我每天下市回來，都要去城外轉一圈，拾些干樹枝回來當柴火，可以省下來一些煤。這樣，成本不就降下來了。我自己雖然辛苦些，卻維護了顧客的利益。」原來如此。黃家源哪是在利用那篇短文做什麼廣告，分明是在用那篇短文做鏡子，不斷地照照自己，使自己的生意做得更好哩！

　　從黃家源家出來，我又在想：雜文與五香蠶豆到底是什麼關係？看來如果沒有「蠶豆大王」那富有藝術個性的生意經，即使雜文寫得再多，恐怕也沒有什麼吸引力；有了一篇雜文，「蠶豆大王」並不以此為張揚，卻從中悟出了一點什麼，這也是「蠶豆大王」的高明之處。我的那篇〈看「蠶豆大王」做生意〉如果說還有什麼別的題旨，那便是有感於某些服務行業不講究服務質量，卻一個勁兒在那裡違反規定輪番漲價。希望「蠶豆大王」的生意經能進入更多的大大小小的商店、大大小小的櫃台。這當然和其它許多苦口婆心的雜文一樣，引不起什麼反響的。推而廣之，這些年來，雜文涉及的領域不可謂不廣，雜文提出的問題不可謂不尖銳，雜文作者的用心也不可謂不良苦，然而雜文由衷的呼喊卻得不到應有的反應。如果人們、特別是被雜文所觸及的人們，都能像「蠶豆大王」黃家源那樣，饒舌的雜文作者也就可以十分地寬慰了。

1988.7

不必恥談李鴻章

　　合肥人喜歡談論包公，因為這位鄉賢是合肥人的榮耀。另一位合肥人李鴻章，合肥人卻不大願意提起，因為歷史書上老講他謹遵老佛爺的旨意，媚外賣國，做了不少不光彩的事，總覺得談論他有損合肥人的名譽。

　　作為萬物之靈的人，實在是太複雜了，真正認識一個人也極不容易。以李鴻章而論，他代表清政府簽訂過不少喪權辱國的條約，說他賣國當然不過份。雖然都是按老佛爺慈禧的主意辦事，李鴻章沒有那樣的硬骨頭去違拗，只好執行，也見出了他的不光彩。至於有歷史記載他接受俄國人的賄賂，於 1896年在莫斯科簽訂《中俄密約》出賣主權，則足見他的骯髒無恥了。不過，客觀地作些考察，李鴻章的腦子裡似乎也曾萌生過使自己的骨頭硬起來的想法，並且有過努力的實踐，他很熱心於「洋務運動」，目的是引進西方的堅船利炮，鐵甲軍艦也從國外買回來了，還借鑑國外的技術辦起來了一座座兵工廠。當時位於上海市郊的江南兵工廠，在掌握西方技能方面遠遠超出日本。1870年左右，俄國人參觀遠在中國西北的蘭州兵工廠時，為那裡製造的槍枝質量的精良感到震驚。甲午戰爭開始時，中國軍艦數量比日本更多。甲午海戰之所以失敗，最直接的原因是由於一個奸詐的承包商在炮彈裡灌了泥沙，還有指揮上的混亂，不能完全責怪李鴻章。至於辦洋務李鴻章則是起了重要作用的，如果李鴻章壓根兒就想吃敗仗，又為什麼辛辛苦苦去辦洋務呢？他還選派了一百名十來歲

的少年西洋留學，目的也是想將西方的技術學回來，以強國體。至於他是否有藉和外國人談生意的機會送幾個子女去留洋的事兒，歷史學家還沒有披露出來，也就不好斷定了。

　　將這些事兒拿出來炒一炒，並沒有粉飾李鴻章的意思，更不是什麼爲他翻案，只是想說明人的複雜。前不久中新社的一則消息，更使我堅信上述看法。那則消息說，溥傑兄弟捐贈八件珍貴文物給中國歷史博物館，其中一件是乾隆御製鄧林硯，曾被英法侵略軍從圓明園搶了去，是李鴻章出使歐洲時用重金買回，並贈給了醇親王，醇親王在硯匣上刻字題記，記載了這段歷史。僅此一端，也可看出李鴻章並不是一個國家之心、民族之心完全泯滅了的人。我們又何必恥談李鴻章呢！

　　之所以寫出上面的話，是有感《合肥晚報》的一條消息：李鴻章的享堂是否保留和重修，至今尚無定論。

1988.7

沙翁骨氣

　　前幾天翻閱文懷沙教授在文革中寫的一些詩詞，深感這位著名的屈原研究專家、楚學專家的錚錚骨氣和坦率自白。在文革中沙翁和其他知名學者一樣受到殘酷迫害，被關進了監獄。但不知出於什麼動機，江青在某一天卻忽然心血來潮，授意其爪牙對沙翁勸降，許諾只要沙翁寫個悔過書和效忠保證，便可獲得自由，安排個好工作，而且插隊的孩子們也可以回北京。爲了達到勸降的目的，江清的爪牙特地讓沙翁的九旬老母探監，並授意老太太如此這般地用眼淚去打動文懷沙。沒想到這位老太太高風亮節、大義凜然，鼓勵兒子用「裝病」的方法在監獄裡鬥爭到底。面對滿頭銀絲的慈義老母，文懷沙無比激動，在監獄裡寫下了一首擲地有聲的詩篇回答江青的勸降：

　　　　沙翁敬謝李龜年，無尾乞搖女主前；

　　　　九死甘心了江壑，不隨雞犬上青天。

這首詩流傳甚廣，每句第六個字連起來即是「龜主江青」，許多人爲沙翁的骨氣和才氣所折服。所幸的是，沙翁寫了這首詩之後不久，「四人幫」便垮台了，不然沙翁怕是眞的「了江壑」了。

　　如果說沙翁十年縲絏仍毫無顧忌地直刺江青，值得讚佩，那麼沙翁在粉碎「四人幫」後的一片讚佩聲中那樣平靜的自白，則更值得讚佩。這首詩傳出之後，報刊常有評論，在一些公開場合人們也常常提起，按說把這首詩稱爲英雄的樂章也不過分。然而沙翁卻對人們解釋：「『沙翁敬謝李龜年』這首絕句不過是一個

悲憤囚徒對當時主客觀世界的譏訕。」我自己認爲：假定有可取之處，只是那第二句：『無尾乞搖女主前』。因爲這句詩出自肺腑、眞誠！我多麼想搖尾呵！狗乞憐的語言全靠那條來自祖先遺傳、來自狗母授予的『尾』。招降者分明估計我是條完整無缺的狗，但，眞是太遺憾了。母親沒有讓我從胎裡帶來這東西，屈原杜絕了我這個炎黃子孫出現『返祖現象』。總之，我非豪傑，非不乞搖，而是無尾乞搖耳……。把一切刀光劍影的鬥爭用如此幽默的語言若無其事地告訴人們，決不是什麼謙遜的表白，而是錚錚骨氣和超然的氣度了。

中國的知識分子向來有獨立而傲然的品格，屈原是這樣，研究屈原的文懷翁教授是這樣，還有其他許許多多的人也是這樣，爲了追求眞理而寧折不彎，爲了民族、人民和祖國「雖九死其猶未悔」，不管什麼樣的大潮、什麼樣的衝擊，他們都經受得住，這是眞正的知識分子，眞正的民族的脊樑。如今，商品經濟的大潮沖擊著每一個角落，在腦體倒掛、分配不公的情況下，不少知識分字面臨著窘迫的挑戰，也有人爲大潮所吞沒。在這樣的情況下，如何保持知識分子的獨立人格，講一講沙翁骨氣，怕不是多餘的吧！

1988.10

寬以待士

　　不斷有人寫文章，批評雜文、隨筆等短文有吊書袋、引古董之類的毛病。這些批評當然沒有錯。然而古今是相通的，歷史猶如一條蜿蜒曲折的長河，很難抽刀切斷，現實中發生的某些現象，常常引起人們歷史的觀照。比如人才問題，大量外流或學成不回國已是講了好幾年了。博士生、研究生找不到接受單位也已司空見慣。曾經做出過不小貢獻的體操名將童非、李月久、吳佳妮只求在國內當一名教練都不行，不得不到美國去應聘。第一位獸醫外科博士生王宗明畢業後因分配無著，家境窘迫，只得在母校東北農學院外含淚擺起了小煙攤……這些情況很自然地使人聯想起幾千年前我們祖先的「養士」傳統，想到戰國時期著名的「四君」，想到孟嘗君和馮驩，信陵君和侯嬴朱亥之間那些美好動人、頗有借鑑意義的歷史掌故。

　　馮驩和侯嬴都是當時地位低下、生活很貧困、又沒有顯露出什麼才能的知識分子，而且表現出一定的清高傲慢，既爭物質待遇，又希望得到尊重，要魚吃要車坐，不能滿足便要旁敲側擊地發點牢騷。但孟嘗君和信陵君不計較這些，他們的宗旨是廣羅天下人才，謙和恭敬，待之以禮，為他們創造一個好的環境。果然「士為知己者死」，在關鍵時刻他們都發揮了重要作用，馮驩為孟嘗君營就了「三窟」，使之「為相數十年，無纖芥之禍」；侯嬴為信陵君策劃了「竊符救趙」的謀略和行動措施，成就了信陵君的賢哲聲譽。這些典故的本身都帶有濃厚的封建色彩和歷史侷

限，但從愛惜人才，寬以待士的角度看卻發人深思。

　　我國的知識分子並不多，大專院校的在校學生人數和總人口的比例，只能排在世界上的一百多位，但即使這樣，知識分子並未受到怎樣的歡迎，頗令人困惑。有人說，這是商品經濟、「拜金主義」給知識分子所帶來的生存危機，但我卻要說這是不合理、或是不適應目前商品經濟大潮的體制給知識分子所造成的難堪。我們國家還很窮，一時還不可能徹底改善知識分子的工作和生活條件，這一點，知識份子是最可以理解的。但是，也確實應當採取一些措施，為他們解除在就業、生活之類問題上面臨的困擾。對這些國家花力氣培養了十幾二十年的知識分子，總不能眼睜睜地看著他們去賣茶葉蛋，去為生計而絞盡腦汁、東奔西走吧！對知識分子，首要的是理解他們、關心他們、尊重他們，為他們發揮自己的專長創造有利的條件。世界的競爭終究是人才的競爭，經濟的發展必然依靠人才的智能。面對人才的外流和人才所遭遇的窘迫現象，再也不能熟視無睹了！我們不是有這樣那樣的「中心」嗎？是不是也可以辦個廣招天下賢士的科技文化綜合中心呢？如果留學生回國，博士生、研究生畢業，暫時找不到合適的崗位，也必須給他們一個寬鬆的環境，讓他們先在中心工作一段時間，然後再分到適合他們的崗位上去。何必讓他們東奔西闖地自找門路，何必讓他們擺煙攤、賣茶葉蛋呢？

1988.10

也說「先之勞之」

　　「先之勞之」這句話出自《論語》，原文是：「子路問政。子曰：『先之勞之』。請益。曰：『無倦』。」康有爲先生對這句話作過一段解釋：「君子所以能服人心者，實則先勞，如以貴自處於後，自居於逸，則人怨矣。能先勞，則吏願服勤，民願盡死。但先勞患不能持久，若其無倦，必有成功矣。孔子雖無並耕之愚，而其爲公之意，則時時露於言表，先勞亦其公之至也。」

　　之所以作出這樣的解釋，康有爲先生當然是考察了孔子的整個思想體系的，應當說比較確切，不管孔子思想中有多少應當拋棄的東西，但他強調當政者「先之勞之」的看法，還是很有借鑑意義的。不過人嘴兩張皮，想怎麼說便怎麼說，在那發瘋也似的批孔年代，「先之勞之」這句話被說成是「統治者首先用周禮教化老百姓，然後再役使他們。」完全是一副欺騙麻痹老百姓的醜惡嘴臉。這當然不符合孔子維護當時統治階級長遠利益的意思，是歪曲了之後的附會。

　　「先之勞之」作爲孔子政治思想的一個組成部分，對後世的影響是相當大的，經常掛在人們嘴上的名句「先天下之憂而憂，後天下之樂而樂」，也可以從孔子的「先之勞之」那裡找到依據。前不久播放的電視劇《末代皇帝》，小皇帝剛一睜開眼，便有太監立在他床前朗誦：「黎明即起，萬機待理，勤政愛民，事必躬親，不可忘乎！」也可以爲孔子的主張找到印證，雖然任何老皇帝小皇帝無一不以欺榨壓迫老百姓爲能事，但他們有時也不得不

裝裝樣子，不得不做出一副憂國憂民的模樣以糊弄黎民、收買人心，「勤政愛民」、「先之勞之」便是他們的最好招牌。

要把一個國家領導好，作爲執政者、領導者，「先之勞之」、身體力行、率先垂範，怕是沒有一個認爲是不應該的。我們常講領導是人民的公僕、勤務員，廉潔奉公是最基本的政治素質，要求別人做到的自己首先做到，要求別人不做的自己首先不做，這話每一個人都會說，有的剛上台之時還明文規定若干條款，登報、廣播，昭示於世，這當然都很好。問題是有了好的宣言並不等於一定有了好的行動。現在老百姓對黨內某些腐敗現象、對某些不廉潔行爲頗多非議，也就是在「先之勞之」這方面做得還不夠。這些年改革所取得的成績有目共睹，但出現的問題也不少，現在已到了一個緊要關頭，爲使改革深入進行，必須下決心治理經濟環境、整頓經濟秩序，嚴肅黨的紀律、加強黨的領導，要眞正做到這幾條，每一個黨員、每一個黨員領導幹部必須「先之勞之」，而且不只是一時一事，要堅持下去，也就是孔子所說的「無倦」。

一部《論語》，確有許多精闢之記，所以傳之不朽，其中許多論點，中國的老百姓都是熟悉的，「半部論語治天下」，從這部中國的經典古籍中吸取一點有益的營養，對現實來說也許不無好處。

1988.10

蘇東坡的曠達

　　蘇東坡是有名的豪放派大詞人，然而他一生的遭際卻十分坎坷曲折，連連貶官不講，還坐過牢，晚年又被流放到當時的蠻夷之地海南島瓊州。他曾在中央政府擔任過中級和高級官員（中書舍人、兵部與禮部尚書），在杭州、徐州、潁州等地主持過地方政務，做過不少有惠於地方的好事，很有政績，但貶到瓊州的官職卻只是別駕，也稱通判，實際上什麼實權都沒有，掛名領幾文微薄薪俸而已。剛到瓊州他連房子都沒有，只好住在椰樹林裡，加之他的妻妾接連謝世，只有次子蘇過陪著他，晚景的確是相當淒苦的。

　　雖然如此，蘇東坡的一生卻樂觀曠達，他的詩詞作品，或奔放熱情的長調，或幽默風趣的小令，都和他曠達的性格緊密地聯繫在一起，那首著名的代表作「大江東去」，就是他貶官湖北黃州時的作品。在貶黃州之前，蘇東坡曾因詩文謗訕朝政及朝中臣僚罪赴台獄，史稱「烏台詩案」。赴獄之時，他的妻子痛哭無語，蘇東坡卻講了一個故事：宋真宗時曾遍訪天下隱者，聽說一個叫楊樸的人能寫詩，便召見他，楊樸卻說不會寫詩，真宗問他：「臨行時有人作詩送卿否？」楊樸答曰：「唯有我的妻子作了一首詩云：『更休落魄耽杯酒，且莫猖狂愛詠詩。今日捉將官裡去，這回斷送老頭皮』。」真宗大笑不止，放楊樸回去了。蘇東坡講完這個故事後對他的妻子說，你難道不能像楊樸的妻子那樣，作一首詩送我麼？他的妻子聽後破涕為笑，他也就乘此機會出門了。

蘇東坡對他自己的所謂命運多麼應對自如。

　　蘇東坡由惠州貶瓊州仍然是因爲寫詩而被羅織罪名的，可見他根本沒有理睬「且莫猖狂愛詠詩」那一套。在惠州時他的《縱筆三首》裡有一首寫道：「爲報先生春睡足，道人輕打五更鐘」，這詩傳到他的政敵、宰相章惇那裡，章說他在惠州無事可幹，成天睡大覺，立即貶至瓊州。在瓊州生活極清苦，只能「五日一見花豬肉」。蘇東坡是極喜歡吃豬肉的，他烹調的東坡肉流傳至今，可是在瓊州吃豬肉只能「五日一見」，他不得不和當地人一樣吃薰老鼠等等。雖然如此，他仍然十分樂觀，在一個下雨天，借了農人的草笠和木屐，穿戴起來，冒雨回家，引得當地人爭相觀看，起哄大笑，蘇東坡也從中找到生活的樂趣。每到一地，他都不忘爲老百姓辦幾件事，抗洪、祈雨他都幹過，他和老百姓之間有著親密的聯繫，因此，在他的作品中出現了五代北宋詞人中極爲罕見的「牛衣古柳賣黃瓜」那樣的農村生活情景。他的生活面極爲廣闊豐富，可能也是養成他性格曠達的一個重要原因。

　　蘇東坡的曠達，成就了他在文壇上永不磨滅的傑出地位。除他的天賦才氣之外，不耿介於身邊的瑣碎得失，以詩詞爲生命，是不是他成功的原因呢？

1988.12

「洗耳池」、「牽牛巷」尋蹤

　　素有「東方日內瓦」之稱的八百平方公里巢湖，烟波浩淼，迷迷濛濛。有關她的許多優美動人的人文景觀，常常使得中外遊客如痴如醉，贊不絕口。不過，前些日子我再去巢湖，卻沒有去領略那湖中姥山的秀麗春光，也沒有去觀賞那被稱之為「天下奇花」的銀屏牡丹，更沒有來得及去憑弔古人范增、近人馮玉祥將軍和張治中先生的遺址故居，而獨獨去追尋那本帶幾分虛幻、現今更無法辨考的「洗耳池」、「牽牛巷」的蹤迹。

　　「洗耳池」已沒有任何標記，是巢湖市中心的「洗耳池小市場」指引了我。順著一個連一個的雜貨店、飲食攤點走過去，盡頭是一汪靜靜的池塘，水波蕩漾、垂柳如絲，和其他池塘沒有什麼差別。這就是「洗耳池」麼？我向一位經營烟酒的店家打聽，他也只是覺得「洗耳池」這名字好生奇怪，並不知道它的來歷，又說前面還有好幾處池塘，究竟那一處是「洗耳池」也說不清楚。於是我便趁著春光，環繞這一汪汪綠水漫步，回味著那幽遠雋永的傳說。據《高士傳‧許由》記載：堯召見許由，欲封他為九州長，「由不欲聞之，洗耳于穎水濱。時其友巢父牽犢欲飲之，見由洗耳，問其故。對曰：『堯欲召我為九州長，惡聞其聲，是故洗耳。』」《巢縣志》除沿用了《高士傳》的記載外，還說城內的臥牛山乃巢父、許由的隱居之地，許由洗耳自然在山腳下，城內有洗耳池也便無可辨駁了，又說巢父在聽了許由上述一段話之後也發了一段精彩的議論：「洗耳將污其池水，不能飲牛」，斷

然牽牛而去。所以市區又有一處和「洗耳池」齊名的「牽牛巷」的遺迹。

　　經過漫長的歷史淘洗,「洗耳池」、「牽牛巷」到底在哪裡雖然不甚了了,但畢竟在民間傳誦,這當然要歸於許由、巢父矢志隱逸,不爭名於朝、不奪利於市的高風亮節。不過隱逸又一向是有爭議的,占上風的說法是以隱逸爲貶義,與逃避現實等同起來,有才華有志氣不報效社稷、不造福黎庶,縱然滿腹經綸也只能爛在肚子裡,於世何補呢!所以隱者在世人的眼裡常常是奇人、怪癖、不可理論,徒有其名,並沒有什麼激發人的力量,更沒有什麼人去效法。任你許由如何惡其聲而洗耳,任你巢父如何惡其水而不飲牛,世界上的烏紗帽仍是你爭我奪,什麼樣的心計沒使過,什麼樣的機關沒用過,爲的是一朝權在手,便將令來行呀!既然有許多人想當官,而不像許由、巢父那樣遁迹于山林,最高當權者爲了統治的嚴密,也爲了網羅親信,收買人心,於是便層層分封,授予種種特權。秦始皇時便實行郡、縣、鄉、亭制,始則分天下爲三十六郡,後又增設四郡爲四十郡,既爲了攏絡一批文臣武將,更爲了組成一個由官僚體制組成的監控網,以便集天下大權於自己一身。漢代則「大率十里一亭,亭有長,十亭一鄉,鄉有三老」,鄉、亭以上還有州、郡等層次,官兒是相當不少的。到唐宋以後更是因人設事,爲人置官,官冗之患日甚一日,爭權奪利也更爲尖銳激烈,買官、賣官也就被視爲理所當然了。

　　官冗之患,常常是政治的、經濟的、血緣的諸多因素所組成的嚴密網絡,形成既複雜,解決起來也便不那麼簡單。我們常常面對機構臃腫人浮於事而無可奈何,常常面對上有政策下有對策而費盡口舌。許多官都講忙得不可開交,許多官又覺得不知成天忙些什麼,該忙的事似乎反倒漏掉了。據有關資料統計,我國的

官民比例在世界上大約位居前列，各類烏紗帽是很不少的，但還是不夠用，還在不斷地申請要編制、要機構、要增設職數，如此下去，人人皆官，權威安在，有令誰去行，有禁誰去止？有鑒於此，理論界便提出「淡化當官心理」，黨政部門便實施精簡機構，「先拆廟後趕和尚」。然而據說當官的和教授的工資的含金量不一樣，所謂「淡化」者也幾乎被訕笑成痴人說夢，靠行政力量拆掉的幾所廟堂，又靠官冗之網的力量，像修復名勝古蹟一樣重新修建起來，「和尚」自然是一個也趕不走的……

想到這裡，我才明白，為什麼本當有幾分虛幻的關於「洗耳池」、「牽牛巷」的傳說這麼有生命力，為什麼許由、巢父仍世世代代享有清名。人間官多為患，難得真正有一兩個隱者。奈何？發思古之幽情，也常常能喚起對現實的療救，是為以史為鏡也！

1989.5

何來如許「上上簽」

　　前些日子春遊，來到一所並不出名的寺廟，一些遊人出於好奇和取樂，不惜微鈔而抽簽問卜。奇怪的是，所抽的簽中，大都是「上上簽」，簽文無外乎「名利雙收、婚姻大吉、病訟無憂、失物易還」云云，這樣，抽簽者得到了一種心理上的滿足，廟堂裡也落得個生意興隆、財源茂盛，真是皆大歡喜。然而，出得廟門，大家一聚首，才知道上了當，何來如許上上簽？難道菩薩也學會了說奉承話去取悅於人麼？不知是真正的菩薩心腸式的祝願，還是受了所謂報喜不報憂的感染？

　　就其總體來說，我們的社會的確是「上上簽」，經濟發展，政通人和，精神愉快，一派興旺發達，是建國以來最好的時期之一。然而，這目前的興盛是艱苦奮鬥得來的，是付出巨大代價後得來的。我們還要前進，還要向更高的水平攀登，因此要勵精圖治，要不斷地爬坡，還要流血流汗，並不如「上上簽」所講的那樣，錦衣玉食，隨手可取。如果大家都躺在「上上簽」上，等待著優厚的恩賜，所謂「拚命地玩樂，高檔地消費」，到頭來怕是菩薩也要犯愁吧，它雖然不食人間烟火，但那主持、方丈、僧、尼一干人等還得吃飯呀。

　　「上上簽」當然是大家所期望的，然而我們需要的是實實在在的「上上簽」，不是虛無縹緲的「上上簽」，更不能去製造那種吹氣球樣的「上上簽」。國家經濟在好轉，但家底畢竟很薄，農村出現了一些先富起來的專業戶、萬元戶，但比數畢竟很小，

還有一些貧困戶有待於解決溫飽。搞形式、搞虛假、搞浮誇，聽起來悅耳，是「上上簽」，其實是不祥之兆。大話和牛皮，曾經害得我們很苦，多做一些實事，少說一些空話。對於那些牧歌式的「上上簽」之類的調頭，是必須清醒一些才是。

1985.6

「君子求諸己」

　　「君子求諸己」，這是孔夫子說的一句好話。「求諸己」一是嚴己，不搞邪門歪道，不胡作非爲，二是立己，凡事自創自立，不靠上帝的恩賜，不食嗟來之食，更不巧取豪奪。這兩條，一般思維正常的人都是易於理解的。但眞正的理解不是口頭上的夸夸其談，而是要勞其筋骨，竭力實踐。這一點則是需要我們不斷地自省的。近些日子，只要打開電視機，孔老先生「君子求諸己」的教訓，便在耳邊回響。這種感覺，不獨鄙人，電視機前的諸多朋友，莫不亦然。蕩蕩乎華夏，電視屏幕幾乎讓國外境外的連續劇佔領，豈非咄咄怪事！國家有廣播電視部、各省市有廣播電視廳，還有諸多的電視台和電視編劇、導演、攝製人員，怎能製作不出幾部像樣的爲觀衆喜聞樂見的電視連續劇呢？我們怎能不「求諸己」，而偏要求諸人呢？影視演藝圈的朋友們難道不需要一點自立精神麼！

　　由電視連續劇而想到淫穢錄像帶，這已成了許多人所矚目的公害，如果說連續劇還可以堂而皇之地公諸於電視屏幕，那些淫穢錄像帶則只能在深夜供少數人爲攫取金錢而放映。這些錄像帶當然都是遠涉重洋而來的，但不知這些錄像帶神通何在，如何得以順利蔓延？國家早有禁令，不准這些污七八糟的東西傳播擴散，有關部門不知爲什麼熟視無睹，只有在家長發出「救救孩子」、社會發出「消除公害」的強烈呼聲之後，才來行動。

　　「君子求諸己」，自己本來應該管好自己的，卻出了紕漏，

不講瀆職，起碼是有點缺乏嚴己精神吧。

　　「君子求諸己」，不獨在於電視劇，在各各方面皆如此，一個國家，一個單位是如此，每一個獨立的個人也如此，物質建設需要自強自立，精神文化建設，同樣需要自強自立，不然和我們這樣一個古老的文明大國是極不相稱的。

1985.6

在聞一多的目光前

一九四六年七月十五日聞一多先生慘遭黑暗勢力的暗害，倒在黎明前的血泊中。然而，他沒有死，他那叼著烟斗的嚴峻瀟洒的姿態，他那閃耀著熾熱光芒的鋒利的雙眼，是那樣鮮明地留在人們的記憶中。

「詩人、學者、戰士」，三種優秀氣質集於一身，是聞一多創造的奇蹟。把這三種氣質貫串一脈的，則是他的崇高而誠摯的愛國主義精神。他用火一樣的詩情，謳歌偉大的祖國，喚醒同胞去迎接祖國光明的未來；他用學者的睿智，去發掘祖國優秀瑰麗的文化遺產，增強民族的自豪感和自立於世界民族之林的自信心。然而，書齋畢竟不是他的唯一天地，面對著光明即將來到的險惡，面對著個人生死存亡的抉擇，他義無反顧，拍案而起，作了最為有力的進擊。戰士終於倒在了戰場上，他「燒毀了自己，遺燼裡爆出個新中國!?」

和聞一多同時代的一些青年學生，出了洋之後往往奴顏媚骨地嚷嚷：「中國百事不如人」、「美國的月亮比中國圓」。面對著這種自卑心理的論調，面對著窮困而可愛的母親，聞一多雙眼閃耀著熾熱而鋒利的光芒，他由衷地唱出了內心的真情：「我要讚美我祖國底花！我要讚美我如花的祖國！」當世界列強依仗堅船利炮凌辱病弱的母親，蠻橫地迫使腐敗的清政府割地賠款後，他更是憂憤交織，和著血淚深情地寫出了〈七子之歌〉。令人感嘆的是，歷史走過了半個多世紀，在當今某些人的意念中，竟仍

然把西方當作「極樂世界」。個別人出訪的目的，似乎就是去「開洋葷」，捎點「洋貨」，這種彎曲了的脊梁，和我們民族富於艱苦創造的精神多麼不相稱，不知這些人面對著聞一多那熾熱而鋒利的目光，又何以自容！

　　聞一多的愛國主義精神，歸根結底是一種銳意進取、自強不息的精神，「我要修葺這歷史的舞台，預備排演歷史的將來。」我們每一個人是要認真地思索一下在「修葺這歷史的舞台」的偉大工程中，如何去獻出自己的血和力，而少對外國的月亮去作一些幻夢般的企想。這樣，在聞一多那熾熱而鋒利的目光面前，方得坦然。

1985.7

升平盛世話團圞

　　榮氏親屬二百多人，前不久從美國、加拿大、澳大利亞、聯邦德國、巴西和港澳地區回國團聚、觀光，緬懷祖先，暢叙桑梓，受到國家領導人的熱情歡迎和接待，一時傳爲佳話。

　　親屬團聚，共享天倫之樂，是人世間的一大樂事。范成大詩云：「抷粉團圞意，熬秏膈膊聲」，描述的就是上元節一家人歡聚在一起作團子的美好情景。榮家此次大團聚，是三十多年來的第一次，親人聚首故土，有多少離情別緒要傾訴！回顧往事，前瞻未來，其中的歡樂的確難以言表。然而，榮家的大團聚，其意義又遠遠超出了「天倫之樂」，它是我們民族的吉祥之兆，是我們國家政治清明、興旺發達的象徵。國運昌，民衆才能安享康樂太平，榮家把大團聚的美好願望變成大團聚的歡樂現實，怎能不使海內外炎黃子孫感到歡欣鼓舞呢！

　　榮氏親屬此次回國團聚觀光，其中一項主要活動，是參加榮氏先輩、我國著名民族工商業家、愛國主義者榮德生先生銅像的揭幕典禮。塑像立碑，紀念先賢，以昭來者，是極有意義的事，然而在那個「以階級鬥爭爲綱」的極左年代，功過是非顛倒，人妖黑白混淆，即使是榮德生先生這樣有功於國家的人物，要塑一尊銅像，也是難以思議的。只有在今天，我們才可能客觀地評價歷史，不會忘記歷史上爲國家民族作出了貢獻的每一個人。榮德生先生和榮氏家族爲發展中國民族工業有很大功績，國家和人民是會永遠記住推動了歷史前進的有功之臣的。爲榮德生先生塑像，

必將鼓舞榮氏家族的成員和海內外炎黃子孫，為祖國的繁榮進步而熱忱效力。

　　由榮氏親屬的團聚，不禁想到我們整個民族的大團聚。中華民族本來是一個團結和睦的大家庭，海峽兩岸的同胞，再也不能忍受骨肉離散之苦，大團聚是大勢所趨，人心所向。君不見，對於電視台臨時取消臺北女籃和中國女籃比賽的實況轉播，臺灣同胞是何等遺憾和惋惜！其實親人之意不在球，在於一睹海峽兩岸姐妹之間的骨肉情意，以慰思鄉之念；君不見，王錫爵先生駕機回大陸之後，大陸不是如同送別親兄弟一樣歡送另兩位願意返回臺灣的同胞和完好無缺地歸還臺灣華航的飛機和貨物麼？這件事的意義在於向世界表明，骨肉同胞之間不存在任何解決不了的難題。「四美具，二難並」，大團聚的條件日臻成熟，有識之士無需再作徬徨了。虎年春節，旅日臺胞陳明卿老先生詩云：「相親相近期相好，故土南瀛指日開」。我們期望分離海峽兩岸的親人，如榮氏親屬那樣在祖國盡早團聚。

1986.7

寫在春暖花開之時

驚蟄已過，蘇、杭一帶已是「亂花漸欲迷人眼」，南國的廣東、福建則更加郁郁葱葱，大好春光吸引著許多遊人。趁著這春暖花開，某省的不少市縣和單位忙碌起來，精心地籌劃、組織著蘇杭、粵閩之行，有的已束裝上路，有的正擇日起程，而且理由都很冠冕堂皇：響應省裡發出的「遠學粵閩，近學江浙」的號召，到那裡去參觀學習。

自然不能把去那裡的同志一概稱之爲「公費旅遊」，也不能把眞誠地希望去取「眞經」的同志說成是遊春。然而也必須看到，接過一個正確的口號和號召，去營一己之私利的事也是時常發生的。這個省發出「兩學」號召，是爲了從本省的實際出發，學習外地的先進經驗，做好各項工作，促進經濟的發展。和閩粵江浙這四省有業務往來、有協作項目、有聯營關係的單位，當然要去，而且還可能不止去一次；暫時和這四省還沒有什麼業務往來的市縣，派少量的同志去作一些有目的考察，也未嘗不可。但像有的部門那樣，煞費苦心找理由、排名單，無目的地去看一看、轉一圈，聽東道主作一點情況介紹，然後花更多的時間去飽覽名山勝水的秀麗風光，這種做法和「兩學」號召是沾不上邊的。

粵、閩、江、浙四省值得學習的經驗很多，歸結起來是他們的改革意識強，各項政策靈活，既得天時地利之便，又有艱苦創業精神。而某省之所以成爲「鍋底」，最主要的正是這幾方面不如他們，所迫切需要的是結合本地的實際情況進行認眞的思考、

論證，看準了的就堅決去幹，而這恰恰是一窩蜂地擁到他們那裡去走一走、看一看所不能解決問題的。或許有的同志說，去走走看看，開闊一下眼界也好呀！殊不知，用這話來作借口的人，往往是出去走走看看不止一個地方了，凡是想去的地方他都可以找到理由去，但除了一飽眼福之外，卻別無所獲，用一句老話來形容是：「看起來感動，講起來激動，回來就是不動」，如此去「兩學」，恐怕和「公費旅遊」沒有什麼區別，是應當控制一下的。

　　「一年之計在於春」。春光大好，不可錯過。經濟工作其他各項工作暫時落後，有一定的壓力，應當在如何走出「鍋底」這個大題目上認眞地做文章，找出癥結，形成動力，何必把時間、精力和經費花在那浮光掠影地走走看看上呢！

1988.3

蟹的雜感

這題目過去和現在有不少人做過，單是一部《紅樓夢》，其中吃蟹、咏蟹的篇章便洋洋洒洒、蔚爲大觀。不過我還是要做一篇關於蟹的雜感，這倒不是我品嘗到了蟹的美味後忽發奇想，不要說是當前正值春季，即令到了那菊花天氣，這驕貴橫行公子，也是難得與之謀面的。我之所以要做這蟹的雜感，其原蓋出於趙乃剛新近獲得了全國勞動模範的光榮稱號。

趙乃剛何許人也？安徽省水產局局長是也。說起此公，與蟹的關係可就大了。八年之前，他取得了人工半咸水河蟹育苗技術的成功，被譽爲水產養殖業的一次重大突破，在國內外三次獲得科技一等獎和金獎牌，他之所以成爲全國勞動模範，也完全是因爲他在蟹的繁衍方面做了貢獻。自八年之前趙乃剛的獨創性科技成果公布之後，不少人便期望著那蟹的美味，有心於振興安徽經濟的諸公，眼見著國際市場蟹的身價看漲，也都躍躍欲試想發一點蟹財。不過，令人遺憾的是，河蟹依然與尋常人家的菜籃子無緣，出口創滙也微不足道。以趙乃剛辛勤試驗的滁縣地區爲例，出口鮮蟹最多的年份爲一百噸，可是去年才十噸。有了先進的技術，長期不易解決的蟹苗問題得到了解決，爲什麼蟹的生產反而慘淡了，我們不是有眾多的水面嗎？我們不是有「兩水一牧」的戰略嗎？難道這只是美妙的口號！最近才有明公指出，在於集團化經營的路子尚未走通，應當形成購買投放種苗、平時禁捕、統一捕撈一條龍。誠哉，斯言！但願這美好的建議不要又是止於紙

上。

　　趙乃剛因爲在河蟹的生產上有貢獻而獲得了全國勞動模範的稱號，這是一件大喜事，然而蟹的產量至今尚呈萎縮趨勢，這便使人感到了壓抑。盼望那橫行公子的興盛，自然不只是受那「螯封嫩肉雙雙滿，殼凸紅脂塊塊香」的引誘，實指望這頗受國內外市場青睞的傢伙從「鍋底」裡爬出來，顯示一下我們最新技術得到推廣應用的豐碩成果。如果蟹的生產得到了合理發展，到那時潑醋擂薑，對酒品嘗，再來談一番蟹的雜感、蟹的文化，趙乃剛的樂趣，當是不亞於眼下這榮獲全國勞動模範光榮稱號時的心情的。

1988.4

里根搬家

　　里根搬家本是美國人的事，用不著我們來多費口舌的，不過這幾年我們興引進，外烟、香水、指甲油、抽水馬桶都引進了，談談里根搬家想來是不會犯忌的。

　　今年元月二十日正午十二時二十分，美國前任總統里根和當選總統布什舉行了四分鐘的交接儀式。儀式之前，里根在白宮的橢圓形辦公室裡處理完最後一件公務，即在辦公桌上留下一張向布什祝賀的字條，再也不打算回來了，他的夫人南希在白宮的臥室裡清點了一應物品之後，也在一個櫥子裡留下一張向布什夫人祝賀的字條，默默地作了告別。就在里根和布什正在舉行交接儀式的當兒，裝載著里根夫婦私人物品的汽車悄然離開了白宮，到他們該去的地方去了。眞是乾淨利索，不留一點尾巴。

　　或許這是美國人的規矩，歷屆總統都這樣搬進搬出，也便習以爲常了。不過，這件習以爲常的小事在我們中國卻是一個問題。大家都知道，在我們國家工作調動是極正常的，但人調走了不搬家，卻一直在扯皮，尤其令房管部門的人搖頭，京裡的放外任到省裡升遷，省裡的到地、市升遷，地、市的到縣升遷，照例是單吊，只帶一個鋪蓋捲兒，京裡省裡地、市的那一套住房是不會讓出來的，老婆孩子自然也不會跟著走的。若問其故，答曰：減少拖累。道地的冠冕堂皇。其實這招牌亮出來，人們便看清了：內骨子還是怕陷在下面回不了京裡省裡地、市，反正高級賓館有得住，還眞可以爲他日殺回馬槍減少拖累哩！不過也眞奏效，只需

兩三年，他便真的回來了。如此這般，易地做官不搬家反倒成了慣例；並沒有什麼人去干涉過問。既然在職的可以如此，離休的退休的在辦公室裡留張桌子凳子也便順理成章了，弄得不周到還要來一番三娘教子哩。

泱泱中華，不乏謙謙君子，所以很多東西都是外國的好，都引進，為我所用嘛，明明是中國製造，加點兒洋包裝兜幾個圈，也便被奉若神明。但不知這里根搬家之類的事，謙謙君子們是否看到了，若看到了，為啥不來一番引進，難道這也不符合中國國情麼！由里根搬家引申去，人家政治體制不少東西的確值得我們借鑒。我們為什麼只看到大洋彼岸眼花撩亂的物質世界，而對於那裡政體整肅方面等長處，卻緘口不言呢？政體整肅自然不是就平頭百姓而言，而是要整肅京里省里地、市、縣里等等的當官兒的，或要觸及痛處，或要約束其行為，所以今天天氣哈哈哈，不說也罷。如此一來，國運何堪？還是認真地想一想吧！

1989.3

梁實秋家「憶苦飯」

　　一代文學大師梁實秋家也曾吃過「憶苦飯」麼？似乎有點令人懷疑。然而這卻是千眞萬確的。

　　梁先生在一篇題爲《窩頭》的短文裡生動地記叙了他家吃「憶苦飯」的情景：「我不是啃窩頭長大的，可是我祖父母爲了不忘當年貧苦的出身，在後院避風的一個角落裡砌了一個一尺多高的大灶，放一雙頭號的鐵鍋。春暖花開的時候，便燒起柴火，在籠屜裡蒸窩頭。這一天全家上下的晚飯就是窩頭、棺材板（指大腌蘿蔔）、白開水。除了蒸窩頭之外，也貼餅子，把和好的玉米粉抓一把弄成舌形的一塊，往乾鍋上一貼，加蓋烘乾，一面焦。再不然就順便蒸一屜榆錢糕，後院現成的一棵大榆樹，新生出一簇簇的榆錢，取下洗淨和玉米面拌在一起蒸，蒸熟之後人各一碗，澆上一大勺醬油蔴油湯子拌葱花，別有風味。」總之都是玉米、鹹菜之類。雖然久厭膏粱者偶爾一餐窩窩頭，覺得怪新鮮，挺有樂趣，但梁先生祖父母的用意卻是很明顯的，即「爲了不忘當年貧苦的出身」。進一步的目的是什麼，梁先生沒有深說，我想不外是讓後輩人等莫忘創業之苦，要繼續節儉發奮，去創立新的基業。

　　梁先生記載的是他小時候的事，那時他的家境已經很不錯了，僅收藏的鼻烟壺便有數十。家裡有人身體不舒適，也是延請名醫到堂下診斷，用不著外出奔波看郎中。在這樣寬裕闊綽的景況下，梁先生的祖父母仍然每年做一頓「憶苦飯」以訓導兒孫後輩等合

家大小，而且不是什麼按上峰指示的自覺行動，我想這主意和方式無疑都是很值得稱道的。

由梁先生家的「憶苦飯」，又想到當今世界大富翁堤義明。這位擁有一百八十九億美元財產的日本人，崇尚的一句名言是：「儉省生財」。他雖然沒有安排全家人吃什麼「憶苦飯」，但他還自己動手修理損壞了的皮鞋，拍照也要用盡最後一張膠捲。他嚴格要求他的部下勤儉辦事。他公司裡的三萬名職工，每天除必要的盥洗外，絕不浪費公司的一滴水、一張紙，就是公司使用過後的毛巾還得當抹布。

對於「憶苦飯」我們並不陌生，我們曾是大規模地組織過吃「憶苦飯」的。菜糊糊、糠粑粑、樹皮草根等等，一人一碗，不吃不行。不過那不是為了「儉省生財」，而是為了不忘階級苦，配合抓階級鬥爭。現在不是以階級鬥爭為綱，不大講階級苦了。不過又給人一種印象，似乎我們除了階級苦之外，其他別的什麼苦也沒有了。「憶苦飯」自然是不再吃了，連艱苦奮鬥也講得很少了，誰要是再講勤儉節約，便被認為是不開化、老古板、不合潮流。人們高消費的胃口越來越大，電視機要彩色的，電冰箱要雙門的，「誰知盤中餐，粒粒皆辛苦」的古訓也被丟到了腦後，大學生食堂裡、機關食堂裡整個兒的、大半個兒的饅頭順便亂丟，餐館飯店的泔水桶裡倒的是成碗的米飯、魚肉，至於公共場所的常流水（自來水龍頭不關）、長明燈（電燈不關）更是司空見慣，真好像中國這塊土地上突然從天上掉下來了數不清的肉餡餅和金娃娃似的。其實除了舊社會有階級苦之外，我們現在也還是有許多苦的。最慘痛的一苦，莫過於科技落後、經濟薄弱、國力不強。所以當務之急是要振興中華，這應當成為全民族的精神支柱。梁實秋先生家吃「憶苦飯」的那種傳統，對我們每個人都是有教益

的，大家都應當有過幾年苦日子緊日子的精神準備，不然我們的
國家、民族怎麼能強盛呢？

1989.3

讀書苦樂談

老作家唐弢先生在他的《晦庵書話》裡講述過這樣一件事：他的一個朋友愛好讀書，平日手不釋卷，只是讀書的方法非常古怪，總是讀一頁撕一頁，隨讀隨撕，一本書讀完了也就撕完了，所以他的書架上連一本書也沒有。問他為什麼這樣？便指著自己的腦袋，笑嘻嘻地說：「沒有錯！我把它放在這兒了。」唐弢先生說，他的這位朋友的確博聞強記，知識面很廣，令人佩服，只是對他的讀書方法不以為然，但他的話卻楔入心坎，一直不忘。每當他買了書來而不及翻閱，那張笑嘻嘻的面孔便會出現在眼前：「哦！你沒有把書放錯地方嗎？」於是唐弢先生就會感到緊張，趕緊廢寢忘食地鑽到書裡去。講完這件事，唐弢先生感慨地說，多少年來我一直記住那位朋友的話，買書不是為了藏書，而是為了讀書，讀是為了用。

過目不忘，讀一遍就能記在腦子裡，這樣的人雖有，但畢竟是少數，所以學者都倡導讀書要用苦功，要精讀，所謂口成繭，舌成瘡，還要做筆記，做卡片，其目的也是為了幫助記憶，用起來方便。「寒窗苦」並非只對求學的學生而言，對於取得了這樣文憑那樣文憑這樣職稱那樣職稱的人，對於出了名，有了這樣那樣成就的人，同樣適用，「華髮終隨書老去」，那一個學問家不是伴著書了其一生，又以其心得成果滋潤著別人呢？

不過目下是「信息爆炸」、「書刊爆炸」的時候，知識流量大、要新快，每書都精讀，每讀必做筆記卡片，即便不吃飯、不

睡覺、不做任何事，只是不停地讀下去，也絕對做不到。有人作過統計，世界上新的科學技術知識每二十六天更新一次；計算機專家爲了掌握專業的最新進展，每月至少翻閱四十本國內外專業雜誌。書海茫茫，怎麼辦？我以爲英國作家毛姆提出「跳躍式閱讀」很有現實意義，特別是讀文學作品，如《三國演義》裡那些「有詩爲證」等等，讀者一般都跳了過去，以便迅速進入情節。正因爲「跳著讀」是大家迫切需要的一種讀書方式，所以各類「文摘」報刊應運而生，報紙上也闢了「一句話新聞」專欄，其中頗受歡迎、影響較大者有《新華文摘》，文史哲經以至最新科技信息門類齊全，一本在手，對於新潮流、新觀點、新爭論便能歷歷在目，給疲於閱讀者無疑是開闢了一條捷徑，眞乃善莫大焉！

　　不過「跳著讀」只能是一般瀏覽，要做到品評還必須有重點地細讀精讀，如《紅樓夢》裡的那些詩詞以及吃螃蟹、行酒令等等，雖然寫得細，跳過去也可惜。近讀有的文學評論文章，新潮如湧自不待說，評一部作品卻完全離開了那部作品的實際，多半是評論家不著邊際的主觀渲洩，瀟洒則瀟洒，但於那具體作品的得失又有何補呢？所以「跳著讀」雖不失爲一種好的讀書方法，然而一律都是瞞天過海，那將會墜入雲裡霧裡，連自己也不知東南西北了。予生也晚，讀書不多，亦難說清什麼讀書之道，但在我的體驗中，覺得讀書最要緊的在於「悟」，要能「悟」出書中之道，化爲己有，悟不出，沒有聯想，不能舉一反三，此之謂食而不化，讀書再多，收效也便不大，至多只能成爲談資而已。

　　讀書苦，苦讀書，莘莘學子，寂寞學人，勉之哉，樂在其中矣！

1989.3

雜文何曾走紅

　　朋友因知我不時地擺弄一點豆腐乾式的「花邊文字」，所以話題常常扯到雜文那勞什子上，並斷言「雜文正在走紅」，還列舉了兩條有力的根據：一曰徵文評獎多，二曰會長多為高層領導。

　　聽了這番話，我沉默有頃，隨後回答如次：第一條根據雖屬實情，但不足為據，因為外電報導：「中國正在評獎」，電影電視大獎全國性的地方性的年年都有，那自不必說；還有酒獎、歌獎、字畫獎、服裝獎、鞋帽獎；美人獎更是很熱了一陣子；單是彩電一項，全國便評出了六十個一等獎，可謂洋洋大觀；時下正有別出心裁者在組織情書大賽，自然少不了要給大獎等等，真可謂評獎多如牛毛，給人的印象似乎是工作的重心又轉移到了評獎上，如果說評獎即為「走紅」的標誌，那便是事事在「走紅」，處處在「走紅」，整個兒都是一片紅的味道，何獨雜文？依我說，真格兒「走紅」的是那些獎杯、獎旗、獎狀的生產廠家和銷售店家，尤其走紅、紅得不能再紅的則是那些提供贊助金的企業家，哪次評獎不是把他們抬到評委會的顯赫位置，「走紅」二字怎能輪到雜文呢？第二條根據倒是頗有一點嚼頭。我曾留心過《雜文報》，那上面報導的各省雜文學會的情況，景象的確令人矚目，名譽會長無一例外地都是在職的省市委分管文教意識形態的副書記，會長也多半為有相當職位的現職領導。這不禁令人納悶：真的有那麼多頭面人物愛上了雜文麼？雜文也扭曲了性格學會了拉大旗作虎皮麼？毛澤東倒是說過退休之後便去給《人民日報》寫

雜文的話，但他老人家又好像不大喜歡還是雜文時代的說法，而
真正喜歡雜文的人卻僅僅因擺弄雜文而吃了不少苦頭，這仍然是
使雜文膽顫心驚的。現今的頭面人物們是比當年開通豁達多了，
但對那辛辣刻薄、有時不免倒吸一口冷氣的雜文，總有點兒難以
親近，時不時地找點岔子也不是沒有聽說過的，至於為什麼又去
接受那名譽會長之類的頭銜，據筆者不揣冒昧的猜想，或許是為
了增強一點兒民主的氛圍。這樣當然也好，雜文可以順著竿子爬
一爬，但也不可高興得太早，倘若猛地從竿子上滑跌下來，那可
是要傷筋動骨的嘍。何況在有的地方連「拉大旗作虎皮」也難乎
其難，想尋求一點保護的初衷也是窘態畢現的。可悲也夫！

　　古往今來，雜文何曾走過紅？待到雜文真的能走紅，那雜文
便也該將它的投槍和匕首的鋒芒多多地包裹了起來，魯迅不是說
過希望雜文速朽的話麼，翻譯一下也便希望醜惡速朽，或者減少
到最低限度，真正的擺弄雜文諸公想來是熱切地希望從來都在夾
縫裡生存的雜文真正地走起紅來的，而確也並非企圖在走紅的雜
文之中去求得什麼名利的好處。

1989.3

余杭廣捉鬼

　　宋人劉義慶撰《幽明錄》，所云多鬼怪事，其中一則《余杭廣》尤其情趣盎然，不僅使人覺得好笑，也能使人由此去思慮一些人情世故。

　　余杭廣是一位頗有膽識和勇氣的青年，他的未來丈人故世，他去守靈，並遵未婚妻囑，將一頭肥豬宰殺，招待些前來幫助料理喪事的鄉親鄰里們。入夜，余杭廣來到未婚妻家，但見「衆鬼在堂」，圍著老人的屍體「翻掌欣舞」，頗似慶賀鬼們的勝利，還有一個老鬼伸出手來向他索要豬肉吃。余杭廣見此情狀並不害怕，先是「把杖大呼」，驅走群鬼，後是用勁捉住那乞肉的老鬼的手臂，老鬼掙扎得越厲害，「持之愈緊」，使「鬼不復得去」，並厲聲質問：「殺公者必是汝，可速還精神，我當放汝。汝若不還者，終不置也。」老鬼沒有辦法，只得承認「我兒等殺公耳」，並令鬼子「可還之」，於是死去的老人漸漸地又活過來了。

　　不怕鬼，對鬼的作祟一眼洞穿，並捉住鬼深究不怠，直到鬼徹底認輸才告罷休。余杭廣捉鬼眞可謂大智大勇，毫不手軟。鬼盡管有一點小法術，但眞的碰到了強硬的較眞的對手，也就原形畢露、醜態百出了。當然，《幽明錄》是一部諷諭性的作品，借鬼異而言人世，自有其極辛辣的鞭撻意義，即使是現在，對那些勇於捉鬼者無異是旗幟鮮明的表彰；對那些恨鬼者、欲捉鬼又嫌勇氣不足者，也是有力的鼓勵；而那些爲非作歹的「老鬼」、「鬼子」們，讀到此篇難免要倒吸一口冷氣，他們日夜膽顫心驚的

是唯恐被「余杭廣」們捉住，他們雖然也常常為一時的得意而「翻掌欣舞」，畢竟心虛膽怯得很。

　　我們的祖先們編過許多不怕鬼的故事，捉鬼、殺鬼、戲謔羞辱鬼類等，栩栩如生，讓人讀來揚眉吐氣。至於不怕鬼的故事為什麼這樣多？我想其根本原因是人世間歹毒狡詐的惡鬼綿綿不絕，把本來應該再美好一些的人生攪得多了許多灰暗，而怕鬼、屈從於鬼、受到鬼的危害欺騙的善良人們確實又很不少，於是這一篇篇不怕鬼的故事也就成了人們的精神力量。大約是六十年代，我們碰到了不少困難，概而言之，困難也可以說是鬼，有識之士曾把祖先們創造的不怕鬼的故事編成一冊，散發極廣，影響極大。那批「天不怕地不怕」的英雄們是否從不怕鬼的故事中得到什麼精神興奮劑，無資可考，不好妄測，但我想如果把鬼描繪得大而化之，不可捉摸，那便不止是會增添捉鬼的困難，還會滋生人們的狂想症。不過，今天我要重提余杭廣捉鬼，除為那精巧有趣的故事所感染外，是我們的現實生活中確有不少具體的鬼：「官倒」、「私倒」、弄權營私、殺人越貨、腐敗墮落、還有邪教等等，不就是當今攪得人們不得安寧的鬼嗎！面對這些鬼，不少正直的人們搖頭嘆氣，以為世風日下，前景黯然，其實那是大可不必的，如果人人都像余杭廣，哪裡有鬼，便群起而攻之、擒之、殲之，有幾個鬼又何足道哉！

1989.4

走出造神的迷津

　　現在有不少人在為中國的文化擔憂，不斷地在呼籲「走出文化低谷」、「擺脫文化困境」，告誡人們當心出現「文化斷裂層」，這些無疑都是對的。不過，就中國文化而言，還有一個有待它繼續完成，繼續搏擊的重要任務，那就是要徹底走出造神的迷津。

　　在有文字記載的中國文明史上，文化與神是密不可分的，文化在不斷地造出一個又一個的「神」，「神」又不斷地借助文化以傳播、以渲染，陳陳相因，一直綿綿地延續下來。孔夫子是中國文化史上一位不可忽略的重要角色，但文化又把他給神化了，使他成了「至聖先師」。歷代帝王也都是「神」，「眞龍天子」，「君權神授」等等，也都是賴以文化為之編造美妙騙人的故事，去禁錮、去統治、去嚇唬臣民百姓的。經過幾千年的文化中造神因素的浸染，中國人便漸漸地相信神，如沒有錢便想到「財神」，天旱了即去求雨，向龍王或別的什麼神禱告；生病了不去就醫而去祈求巫婆和神漢……神的不可摧毀的地位和他頑固地占據著一部分人的頭腦，其危害是常常把希望寄托於神的拯救和保佑，而沒有將創造和拼搏作為理想的實現的唯一通道，於是希望常常破滅，理想常常落空，人們還是在疲憊和困頓的泥潭中進行漫長的掙扎。

　　自從引進了馬克思主義以後，無神論對於文化的造神無疑是很大的衝擊，「五四」運動提倡民主和科學，從某種意義上說，也是向神宣戰，旗幟是極鮮明的。然而神對於人的統治卻不是一

個「五四」運動所能徹底清除的，冥冥中的神沒有徹底退去，現實生活中的神還在不斷地出現。個人迷信，把人加以神化，把人的智力和才能誇張到無以復加的程度，就是現代文化造神的愚蠢傑作。在這方面人們已經吃了大虧！可如今還有人在呼喚神，特別是遇到某些前進中的挫折和困難的時候，不是從體制、制度、法紀的健全、完善、嚴肅等方面去尋求擺脫困境的途徑，而又冀望讓某些精英分子、強人去更集中地掌握權力，用他們的回天之力去推動歷史的前進。願望是美好的，用心是良苦的，但是已被歷史反覆證明是行不通的！《國際歌》中「從來沒有神仙皇帝」的宣告早已響徹雲霄，我們為什麼不去尋找一條更廣闊的道路呢？如果說現實生活中還有文化造神的現象，「新權威主義」的提出不能不是一個反映。誠然，我們這樣一個大國要想求得發展和前進，無疑需要有國家和政府的權威，但國家和政府需要的是制度、法紀和科學民主決策的權威，而不是個人的權威。代表國家和政府的個人，如果能夠堅定不移地履行職責，維護國家和政府的制度、法紀和決策的權威的嚴肅性，致力於政治民主的實現，他自有崇高的威望在，用不著「新權威主義」去特別地賦予。人為也賦予權威，將使中國廣義的文化仍然陷在造神的迷津裡，這是比「低谷」、「困境」、「斷裂」等等更令人擔憂的。

　　歷史的教訓不應忘記！

1989.5

馮教授爲曾國藩翻案

　　清朝末年的曾國藩，在中國近代史上一直是一個不太光彩的人物，他的主要罪惡是鎮壓太平天國農民起義。近聞九十四歲高齡的馮友蘭教授在他已經付稿的《中國哲學史新編》第六冊裡，要爲曾國藩翻案，對這位老教授的勇敢治學精神很爲欽佩。要爲曾國藩翻案，必然要否定太平天國，這是一個問題的正反兩個方面，馮教授認爲太平天國所推行的是神權政治，假如太平天國統一了中國，中國歷史將要中世紀化，那是一個更黑暗的時期。曾國藩打敗了太平天國，避免中國倒退到神權政治，所以值得爲他翻案。此外，曾國藩還主張修築鐵路，發展工業，開墾荒地，這些都有一定的進步意義。當然，馮教授爲曾國藩翻案，也不是說他就絕對地好，兜底地翻個過，而是同時也指出他的一些重大歷史錯誤。總之，馮教授是力圖歷史地辯證地去評價歷史人物的。

　　由馮教授爲曾國藩翻案，想到曾國藩與左宗棠之間的一段傳說。曾國藩很器重左宗棠的才幹，又有鄉誼，屢屢傳書勸說左宗棠出山和他一起做官辦事，當然也包括攻打太平軍，可是左宗棠就是不冷不熱不答應。曾國藩有些發急，但屢屢寫信不被理睬，又怕丟了面子，於是想出一個花招，以聯代書寄達左宗棠，聯曰：「季子自命爲高，出乎山，入乎城，與人意見殊相左！」原來左宗棠字季高，曾國藩在他的聯語中巧妙地嵌入了左宗棠的姓字，且流露出他內心的不高興，很有點咄咄逼人的架勢，又不乏文彩。誰知左宗棠還是不買賬，也擬就了一聯，針鋒相對地碰了回去，

聯曰：「藩侯以身許國，聽其言，觀其行，問他經濟有何曾？」
如果說曾國藩還比較隱晦，是柔裡寓剛的話，那麼左宗棠便是痛
快淋漓，不留情面了。值得注意的是，左宗棠並不責問他別的，
而是責問他「經濟有何曾」，不是「以身許國」嗎？到底為國家
興辦了哪些利國利民的事業呢！這則聯語也相應嵌入了曾國藩的
姓名，只是「國」字和「藩」字與上聯相對地顛倒了一下。

　　當然，後來左宗棠還是出山入城做官了，並且和曾國藩、李
鴻章等人一起攻打太平軍，不知是曾國藩認為左宗棠問他「經濟
有何曾」問得有理，還是左宗棠的極力主張，他們才一起創辦江
南製造局、福建馬尾船政局等軍事工業，為國家辦了一點實事！

　　馮教授為曾國藩翻案當然是學術界的一家之言，翻得轉與翻
不轉，需要學術界討論。郭沫若老先生生前為曹操翻案，要將阿
瞞的白翻成紅臉，可謂鼎力而為，然而至今也還是眾說紛紜，戲
台上的曹操仍是奸雄，仍是白臉，但欽佩曹操的人確然越來越多
了。不管怎麼說，人們總是希望還歷史以公正，恢復歷史的本來
面目的。

1989.6

不得獨私故人

　　《資治通鑑》第一百九十三卷記載了這樣一個故事：唐朝濮州刺史龐相壽因貪污被撤了職。但龐相壽不死心，直接找到唐太宗李世民，編造種種理由爲自己辯護，其中重要的一條就是他曾是李世民的老部下，當李世民任秦王時，他在秦王幕府裡任過職。李世民是個很念舊情的人，聽龐相壽這樣一說，立即動了憐憫之心，打算下令恢復他的職務。不料這事讓丞相魏徵知道了，以爲不可，立即勸諫說：「您當秦王時，在您身邊工作過的人，朝廷內外有很多，如果您因爲是老部屬便給予不應有的好處，那依恃私人恩惠的人可能也會很多，這樣定會使秉公執法的人感到爲難和擔憂，如何能治理好國家呢！」唐太宗一聽便明白了，毅然決然地采納了魏徵的意見，很直率地對龐相壽說，我不得獨私故人，不能單單偏袒老部下。我要求大臣們都執行法令，自己又怎能違反原則來循私情呢！於是賜給龐相壽一些絲織品，打發他回家去了。

　　這則故事給人的啓示是多方面的，既可以看成是唐太宗虛心納諫，也可以看成是魏丞相敢於仗義執言，還讓人看到要使國家興旺發達，吏治的清廉多麼重要！但不管從哪方面去看，當權者「不得獨私故人」，則是一條極重要的原則，用現在的話來說，在用人問題上要獎懲分明，不能搞裙帶關係，要一視同仁，不能厚此薄彼，要唯賢是舉，不能唯親是舉。

　　對此，歷史上的教訓是舉不勝舉的，稍微有點頭腦的人，都

知道其中的利害，道理並不深奧；但爲什麼難以做到，我以爲也可以從幾個方面去理解，其中重要的一條，就是人是感情動物，理智常常在感情面前失去光彩而鑄成錯誤。唐太宗開始打算偏袒龐相壽，並不是認爲龐沒有錯，也不是說他是謀私，只能說他是爲並不理智的感情所蒙蔽。在這個時候，如果他身邊的大臣只是看眼色辦事，順桿子爬，討好他、逢迎他，那唐太宗就可能作出糊塗的決定，造成吏治的混亂，是非不分，忠奸不辨，風氣也因此腐靡下去，國家也不可能有什麼興盛。但魏徵不是這樣，他尊重君王，並不以君王的每一句話爲聖旨，而是以國家利益爲最高標準，所以直言敢諫，促使皇帝恢復了理智。這類事在唐代也是屢見不鮮的，正因爲如此，所以唐代才有過爲史家所極力稱贊的「貞觀之治」！

從一個國家來說，要有不得獨私故人等等清廉之舉，是需要有一個良好的氣候的，這個良好的氣候需要皇帝和大臣共同來創造，皇帝的開明當然極重要，但也難免智者千慮，必有一失，有大臣敲打敲打非常必要，這敲打可不是那麼容易的，弄得不好可能要掉腦袋，所謂「文諫死」是也，即令是唐太宗和魏徵這樣和諧的君臣關係，魏徵也很冒過幾次險哩，何況其他呢！天下者天下人之天下，獨私故人，搞裙帶關係，顯得多麼卑劣多麼狹小啊！

1989.6

李煜之悔

　　李煜是歷史上的一位名人，也是五代十國時期南唐的三傳國君。然而，李煜的名氣，並不是因為他當過皇帝（畢竟太窩囊），而是因為他的詩詞寫得好，那爐火純青的藝術，至今傳頌不衰。

　　前些日子，看電視連續劇《南唐遺事》覺得有一點獨到之處，那就是李煜當了趙匡胤的俘虜之後，固然無比懷念他所失去的「雕欄玉砌」、「鳳閣龍樓」的豪華奢靡宮廷生活，卻又常常悔恨自己當了皇帝，質問為什麼「生我宮闈，派我帝胄」，他甚至埋怨他的父兄為什麼死得那麼早，把當皇帝這個差使擱到了他的肩上。這一點，即令史家沒有什麼明確的記載，電視劇《南唐遺事》這種藝術處理，我想也是符合他的性格真實的。

　　李煜是一個很聰明的人，酷愛藝術，又酷愛讀書，生於帝王之家，各方面條件都非常優裕，所以造詣很高，不但文章、詩、詞寫得好，還「洞曉音律，精別雅鄭」，工書、善畫，尤精鑒賞，是一個相當全面發展的藝術家，《南唐遺事》借李煜的臣下之口，稱讚他是「文采風流，錦心繡口，還有那麼一段真性情兒」！這個評價也極精當。「文采風流，錦心繡口」且不去說它，這是詞論家們所反覆議論過了的。單說那「還有那麼一段真性情兒」，確是一語將李煜這個歷史人物道破了，我想，李煜成也在「那麼一段真性情兒」，敗也在「那麼一段真性情兒」，他悔恨當了皇帝也是因為有「那麼一段真性情兒」，最後的死也在「那麼一段真性情兒」。這「真性情兒」固然有著偎紅依翠、恣意尋歡作樂

的一面，更重要的是對待藝術的率眞態度，他的詞之所以人們至今愛讀，一個重要原因，就是一點也不矯飾，無論是宮廷生活、臣虜日月，他都照實寫來，全然想不到自己是一個有皇帝之尊的人或是一個當了俘虜的人，內心的情思、藝術家的感受注於筆端、紙上，雖然那是屬於沒落帝王或階下囚的獨特世界，依然能打動人。由於李煜一門心思在詩詞彈唱方面，只懂得詩酒相酬，治理國家云云，既想不起來，顧不上，也沒有那個能耐，以致於趙匡胤的人馬過了長江，攻破金陵城時，他還在爲新作錘詞煉句，一首《臨江仙》只寫了開頭一句，便成了俘虜。他哀嘆「幾曾識干戈」，一旦干戈來了，也便只好束手待擒，讓他當皇帝豈不是誤了他自己也誤了天下！作爲一個詞人藝術家，李煜的可貴之處，在於他即使身處囹圄，那「眞性情兒」一點也不改，還在堂而皇之地寫他的「春花秋月何時了」和「簾外雨潺潺」，這懷念故國的情緒當然爲趙氏兄弟所不容，他們擔心這會成爲江南人民反宋的心像，雖然他們也認識到了李煜是一個奇才，但和穩固他們的統治地位相權衡，畢竟算不了什麼，於是下決心害死了他，至於害死了多少優秀的詞章，也便顧不得了。

　　歸根結底，李煜悔恨當了皇帝，是悔恨他沒有把更多的詩詞留給後人，他只活了四十二歲，留下的詞只有三十多首。正如郭麟在《南唐集詠》中所咏嘆的那樣：「作個才人眞絕代，可憐薄命作君王」。

1989.8

「喝水岩」斷想

　　早就聽說福州鼓山有宋代蔡襄、李綱、趙汝愚、朱熹及當代郭沫若等名家的摩崖題刻約四百段，時常思之若渴，以求一睹爲快，所以前不久一到榕城，便匆匆放下行李，急乎乎地往鼓山奔去。果然名不虛傳，鼓山的摩崖刻石堪稱洋洋大觀，眞、草、隸、篆一應皆備，宛如一座書法寶庫。不過，遊覽鼓山之後，在我腦海中留下更深印象的卻是另一處景觀，那便是「喝水岩」。

　　這「喝水岩」可來不得顧名思義，既不是說岩上有什麼洞穴儲有什麼優質礦泉水可供遊山者飲用，也不是說自己帶著可樂、健力寶等飲料坐在岩上去喝即會得到什麼獨一無二的樂趣，而是其中有著一段發人深思的傳說。這喝水岩原來本是終年流水不斷、轟然有聲，若是雨後，山洪由此而下，更是瀑瀉如雷。相傳五代時鼓山湧泉寺開山祖神晏一日在此誦經，正當他有所領悟、漸入佳境之時，卻不堪那嘩嘩水聲的侵擾，不由得煩燥起來，於是揮動禪杖大喝一聲：「休得吵鬧！」這一斷喝不打緊，那泉水立即改道，岩下歸於寂靜，這岩也便由此而得名爲「喝水岩」。如今呈現在我們面前的只是巨石森然、洞穴幽暝，眞的看不見蜿蜒的流水也聽不到潺潺的水聲，石上題刻甚多，有「無水益佳」者，想來不是稱讚這景觀而是稱頌那祖師神晏的。

　　這傳說和那猛張飛一聲喝得長坂橋下水倒流的傳說差不多，誇張而已，不可信其有，只能取其寓意，從它的虛托中去作一點聯想。盡管不相信，但對神晏誦經時的專注精神人們還是很敬佩

的，因為他全然不是那種「小和尚念經，口不跟心」的浮躁和輕慢，而是入痴入迷、心無旁鶩，人們稱頌他，從他那裡得到啟示，想來也不是說他經書念得如何滾瓜爛熟，而是稱頌他心無雜念、專注於一。

這故事流傳了多少年代，不得而知，但從遊人聽導遊者介紹時的那種神態看，還是津津有味，真覺得是到了一處佳境，可見這故事的生命力。不過也有不同看法，有遊人說，神晏既然那麼專注，就應當一切都在經書上，流水的聲音他是聽不到的，何來引起煩躁！另一遊人立即回答說：只有排除干擾，才能更好地入腦入心。真是說得好極了！世間有許多人成就了許多偉大的事業，沒有一件不是專注於一，能夠排除干擾，敢於大膽進取而得到成功的。相反，曲折和失誤，也往往表現為不夠一貫，不能大膽排除干擾，甚至有點「小和尚念經，口不跟心」，嘴上說的一套，心裡想的又是另一套，這樣往往把事情弄壞。凡是看準了的，就應當始終如一地去實踐，決不可左右搖擺。

1989.10

林則徐的幾副聯語

　　福州有林則徐祠，祠裡文物頗多，其中林則徐手書的幾副聯語，頗為引人思索。「海納百川有容乃大，壁立千仞無欲則剛」，是人們都熟悉的，也可以說是林則徐的座右銘，林則徐的一生也就是按這兩句話走過來的，「有容」、「無欲」，大度而無私，造就了林則徐這樣一個名垂千古的民族英雄。

　　如果上面所說的這副聯語還比較抽象概括，那麼另一副聯語則具體地反映了林則徐的鮮明個性和頂天立地的大丈夫氣概。鴉片戰爭之前，朝廷任命林則徐為兩廣總督，那是要直接與英國人正面交鋒的棘手差事，在當時那樣一個談洋色變的大氣候裡，得罪英國人可不是鬧著玩的，但林則徐一想到英國人在廣東一帶大肆兜售鴉片，一想到鴉片於國於民的慘烈毒害，便義無反顧地受命前往，而且一上任便立即以極強硬的姿態在虎門主持了震驚中外的銷烟運動。當林則徐作出這項決斷時，有人勸他適可而止、小心從事，但林則徐從國家民族的利益出發，斬釘截鐵，毫不畏懼，寫下了下面這副對聯回答那些好心的勸導者：「苟利國家生死以，豈因禍福避趨之。」凡是對國家有利的事就要堅決去做，應把個人的生死置之度外，哪能有危險就退避三舍、有好處就趨之若鶩呢？林則徐勇於為國家和民族獻身的精神，沒有絲毫奴顏媚骨的剛強骨氣，為世代所景仰，堪稱民族的脊梁，永遠是中國人的楷模。

　　林則徐處身立世的豪邁氣概，還表現在對待他的後代上，他

不為他們留下什麼財產，也不為他們謀什麼高官厚祿，他以一副含義深刻的聯語表達了他的子孫觀：「子孫若如我，留錢做什麼？賢而多財，則損其志；子孫不如我，留錢做什麼？愚而多財，益增其過。」他主張子孫應有自己的創造，錢多對子孫來說無論如何都不是一件好事。林則徐的這些看法，為他的同鄉後世、歸僑巨富陳嘉庚先生所完全贊同，陳嘉庚先生憑自己的辛苦創造積資巨萬，但他既不自己享受，也不留給後世子孫，而是捐獻出來辦了集美學校和廈門大學，他說：「財自我辛苦得來，亦當由我慷慨捐去。公益義務，既需吾財，令子賢孫何須憑借。」真是英雄所見略同。

　　有趣的是，林則徐祠裡陳列的徵集得來的另一副聯語，恰好證實了子孫若不爭氣，留給他再多的財產也是沒有用處的這一判斷。林則徐在做官之前曾在鄉裡當過一段時間的私塾先生，他的一位朋友不太得志，向林則徐請教安身立命之道，林則徐勸他靜下心來教書作學問，莫作非份之想，並手書一副對聯相贈：「靜坐讀書各得半日，清風明月不用一錢。」他的這位朋友非常珍視這副墨寶，終生珍藏，然而在他死後，他的兒子立即將這副對聯的上款刮去賣了！可悲！可嘆！

1989.12

「菱溪大石」雜說

　　滁州琅邪山有許多景致，醉翁亭、讓泉、歐梅自不必說，還有那琅邪榆也是令人驚嘆的：一部拙樸繁雜的樹根全都緊緊地趴在褐色的堅硬的大石頭上、扎在石頭縫裡，任憑風雨剝蝕、烈日曝晒，樹幹照樣挺拔巍然，樹冠照樣葳蕤婆娑，好一派郁郁蔥蔥。不過，當我第三次登上琅邪山時，卻沒有去領略那亭、泉、梅、榆的風姿，而是在一塊石頭前流連忘返。

　　和黃山的怪石相比，琅邪山的石頭當然是沒有多少好說的，但這一塊石頭卻有名有姓、有出處有來歷，還有一番坎坷的遭際。宋代大文學家歐陽修將此石命名為「菱溪大石」，並為它寫過一首七言長詩《菱溪大石》和一篇《菱溪石記》，在和他的老友梅堯臣的通信中也屢屢提及此石，可見鍾愛之甚。在歐陽修的筆下，這塊石頭嶙峋奇特、瑩潔如玉，他猜測可能是女媧所煉的補天之石，又說是燧人氏鑽石取火之石，還推想或許是漢朝的使節出使西北所得到的于闐寶玉，因不慎掉在河裡，被流水沖擊至此。總之是寶貴得很，奇特得很，所以他在任滁州太守時，一見到這塊大石頭遺之在草澤，便立即「以三牛曳置幽谷」，放在醉翁亭的旁邊，供遊人觀賞。菱溪大石到底是一塊什麼樣的石頭，歐陽修的三種說法當然只是文學家的想像。近代有人說是太湖石一類的觀賞石，也不甚確切，前兩年經有關專家鑒定，才確認是殞石，不是補天之石，卻是從天上掉下來的。

　　這麼一塊美好的石頭，為什麼「荒烟野草埋沒久」呢？歐陽修也作了一番考證，原來這塊石頭的遺落之所，乃五代時濠、滁

二州刺史劉金的園圃，當年花木繁盛，氣象不凡，這塊美好的石頭點綴其中當然便十分相稱。後來劉金的後世荒烟零落，宅第歲久廢圮，寶石也便只得埋於泥沙之中而失去了應有的光澤。爲此，歐陽修很是發了一通感慨：「好奇之士聞此石者，可以一賞而足，何必取而去也哉」，並特意指出「可爲富貴者戒」，他不僅寫文章勸戒「富貴者」不要再因好奇而侵奪，並且身體力行以昭來者，他吆牛套車將這塊石頭拉到琅邪山，不是置之官邸，更不是置之私宅，而是「立于亭之南北」，「以爲滁人歲時嬉遊之好。」

　　對於美石的處置，歐陽修是採取這種方式，極爲推崇歐陽修的豪放派大詞人蘇東坡所採取的又是一種方式。山東蓬萊八景中有一景曰「萬斛珠璣」，即海灘上與泥沙伴存的許多光潔晶瑩、質若珠玉的小石頭。蘇東坡做過極短時間的登州知府，常在海灘漫步吟咏，非常喜歡這些玲瓏剔透的美石，他曾撿回幾百枚聚置清水之中，種上石菖蒲，從中領略情趣，離任後又將它們携帶進京，附上一首詩，送給了一位號稱「垂慈堂老人」的老友作爲清賞。同時，也還揀了一些色白粒圓的「怪石」送給一位酷愛美石的老人做枕芯。無一己之私，與人共樂以至推己及人，便是這位豪放派大家的心靈與品德。

　　「菱溪大石」只有一塊，最好的辦法是「立于亭之南北」，供世人觀賞；「萬斛珠磯」無數，但也不隨意拋去，而是送給其珍愛者，以盡其觀賞價值。做法雖不盡相同，但都是以天下之美獻於天下之人，毫不好奇而侵奪，雖然極有品評山川木石花草流雲的高雅情趣，又都有一顆坦蕩無私之心，由此也可以看出大家風範之一端。

　　「何必取而去也哉」！難道不也是對那些貪得無厭者和欲壑難填者的一種訓斥麼？

1989.12

說說「嘩彩文化」

　　每當春節，我便想起家鄉那令人難以忘懷的龍燈，和那伴隨著龍燈的「嘩彩文化」，從「嘩彩文化」中可以窺見中華民族某些古老而珍貴的傳統文明。

　　所謂「嘩彩文化」，是我在各種文化此起彼伏、旗幟如林的熱潮中趕的時尚，是我的杜撰。但我確信，「嘩彩」在我的家鄉，確然是一種深入人心的文化。

　　龍燈一般在大年初二開始，曰「出龍」，照例先在本村各家各戶門前耍一遍，一村同樂。當七名身強力健的青年漢子扛著一條巨龍、敲鑼打鼓來到門前時，龍鬚飄拂，龍鱗耀眼，確實是一種很喜慶吉祥的場面，在此情況下，戶主總是非常客氣、禮貌，點燃鞭炮迎接，還要買一條紅布彩帶，披在龍的頭上。如此這般之後，便開始「嘩彩」。「嘩彩」的人則要選一名較有人望、能說會道者，一人高聲說唱，七個扛龍的漢子隨聲附和，發出響亮的和聲，巨龍搖頭擺尾，一幅很動人的圖畫。「嘩彩」的內容都是吉祥話，但要結合每家每戶的實際，比如某家兒子剛參了軍，則重點祝賀他在部隊建功立業，勸慰家人不要過於掛念；某家兒子剛考取大學，則祝賀他學業精進，將來高登龍榜，成為有用人才；某家新娶了媳婦，則講些和氣生財勤儉持家的話，過去還要大講一通早生貴子，現在則要講計劃生育了……如此等等。戶主很注意聽「嘩彩」，他認為「嘩」得好，便又是瓜子、花生、芝蔴糖、香烟等等，傾其所有，送給龍燈隊，決不吝嗇。對於「嘩

彩」人來說，有極大的即興創作自由，沒有什麼人去干預。但也有一條嚴格約束，那就是不許挾帶個人情緒色彩，都是本村人，「嘩彩」者難免和某家某戶有點矛盾。但春節玩龍燈，到了這家門前，即使意見再大，「嘩彩」內容決不許把個人的不滿摻入其中，如果有這種情況發生，便會遭到嚴厲譴責，也或許會取消他的「嘩彩」資格。所以「嘩彩」常常是促進村人團結修好的良好契機。

小時候每年都在家鄉看龍燈、聽「嘩彩」，但都是趕熱鬧。現在回想起來，這熱鬧之中也有學問，那看來簡單粗糙的「嘩彩文化」，也體現了中華民族鼓勵和諧向上、向前、奮進的一貫精神。

1990.1

上等・中等・下等

　　藝術大師蕭龍士先生以一百零三歲的高齡走完了他的人生旅程。然而他並沒有離開我們，他那些水墨淋漓的畫幅已留在了千家萬戶，他筆下的深谷幽蘭、荷塘情趣、亮晶晶的葡萄和豐碩甜美的南瓜、柿子，都深深地留在人們的記憶裡。

　　蕭龍士先生留給後世的不僅是他數不清的藝術作品，他的藝德、他的淡泊名利、他的謙恭自守，更是後世的楷模，高風亮節四個字對於他是當之無愧的。蕭老生前曾說過一句話：「積上等德，居中等名，享下等福」。這是他自己的座右銘，也是後學應當緊記的人生準則。

　　諺曰：「人往高處走，水往低處流。」如果從效力國家，多作奉獻的角度去理解「高處」，無疑是正確的。但也有許多人把「高處」理解歪了，以為「高處」便是高人一等，只顧自己吃得好、穿得好、住得好，而不惜損害別人的利益、國家的利益，甚至不顧人倫法紀，幹出一些蠅營狗苟的事來，這樣的「高處」看起來風光神氣，但為世人所不齒，為後世所唾罵。蕭龍士先生或許正是有感於此，提出了他的人生哲理。

　　更為可貴的是，蕭先生的這十五字箴言，絕非紙上談兵，而是終生恪守不渝。他的「積上等德」就是他自己的人生寫照，在他一個多世紀的人生道路中，高貴品德和無數畫幅是同時熏陶著許多相識和不相識的人們的。他所講的「德」內容十分豐富，愛憎十分分明，第一位是愛自己的祖國，愛千千萬萬的父老兄弟。

抗日戰爭時期，盡管他還很窮，但仍然努力參加義展義賣，用自己的筆墨、用自己的畫幅，爲保衛祖國、抵抗外侮而盡力。他自己孩子多，但還毅然收留了一個孤兒，悉心撫養成人。十年文革期間，蕭老更是痛感時弊，和李苦禪等老畫家一起痛斥「四人幫」一伙的胡作非爲。蕭老的「德」的另一個方面，是他一生只知將自己的藝術奉獻於人民，而從不去索取，他藝術造詣高，名氣也高，但他從來不要派頭，不擺架子，不管誰來向他要畫，他都毫不遲疑地爲之潑墨揮毫，而且盡心盡力，毫不馬虎，他認爲別人既然喜歡，就應當讓他得到滿足，不然藝術家的存在就失去了意義。

蕭老的一生是默默耕耘的一生，也是收獲豐碩的一生，而他從來不知疲倦，終生精進不已，年逾花甲之後，他還身背包袱，進京向齊白石學藝，齊白石一方面收他爲弟子，一方面又稱贊他的畫畫很好，甚至說：「龍士畫荷，吾不如也！」但先生只知刻苦學藝，從不借白石大師的高度評價來抬高自己，這與那些一味借名家之口來沽名釣譽者相比較，眞是巍巍高山滔滔江河與一坏黃土和一條乾涸的細流。

至於物質生活，蕭老更是簡樸節儉，粗茶淡飯，他的畫幅中所描繪的他對農家風情的熱愛，也從一個側面反映了他自己物質生活的風貌。

蕭老已離開我們，但我們不要忘記了他所說的：「積上等德，居中等名，享下等福」。

1990.2

兒童問題三議

I　我國人口多，兒童自然也多；但具體到每一個家庭，兒童又確乎少，一對夫妻只生一個。這樣，人們便產生了一種憂慮：孩子自小獨來獨往，從家庭到幼兒園到學校，是否會自小養成孤僻獨處的性格？從中國傳統的生活方式看，這不能說沒有道理，但就現代科學文明來說，這種憂慮是大可不必的。在傳統觀念中，老鄉、同學、親友，在生活、工作、社交中占有極重要的位置，這種帶有濃厚地域色彩的人與人之間的關係，常常使許多違反原則甚至違犯法紀的事兒暢通無阻，是造成社會生活的某些不正常的一個原因，同時也降低人們的智商，使一部分人產生一種懶惰和依賴，不靠自己的奮鬥，不靠努力增長才幹去改善自己的生活、工作條件和環境，而借助於老鄉、同學、親友的提攜和幫助，因而也會造成社會心態的不平衡。所以地域色彩的人際關係不是一種良好的關係。良好的人際關係應當是行業上的互相呼應，中國早就有「以文會友」之說，歷朝歷代也不斷贊志同道合，這就要求人們從小學得好本領，有一技之長，將來他在自己的行業領域裡便會有發言權，會結識很多的朋友，何來孤獨呢？如果你擔心你的孩子孤獨，就鼓勵他從小努力學本領吧！

II　午飯後稍事小憩即上班，暖洋洋的太陽底下，有兩三個孩子在走，十一、二歲的模樣，沉重的書包把他們的肩膀壓斜了，沒精打彩的，顯然還未休息好。這是我常常遇到的情景。每當這時，我便感到孩子不好當，他們的人生沉重負擔從此便開始了。

電視台的叔叔阿姨對孩子們時時寄於關心，每晚九時都在熒屏上準時映出一行字：「各位家長：為了孩子的健康和明天的學習，請讓孩子早點休息。」做父母的何嘗不懂得這個道理？然而今天的功課未做完，又怎麼能談得上明天的學習，只得狠狠心，十點、十點半，有時甚至深夜十一點孩子還不能上床睡覺，第二天自然只能是蔫搭搭地向學校走去。教育改革進行了多少年，減輕學生負擔也呼籲了多少年，收效在哪裡？還是應當從將來的事業著眼，來為現在的孩子著想。

　　Ⅲ　六‧一兒童節前，某小學要組織小朋友演出，需要化一下妝，於是布置每人回家讓父母準備口紅和胭脂。父母不能不照辦。活躍孩子的文化生活，讓他們化妝演出，無疑都是對的，但要每個小朋友都買化妝品，則不是那麼想得通，學校根據所需集中買一下，需多少錢再分攤到每個孩子名下，不是節約得多嗎？類似的事還有不少，組織春遊要到幾百里之外的名山勝水去，每人花幾十元，家長若不贊成，又是學校布置的，若讓孩子去，又怕遇到不測，搞得進退兩難。組織一些有益於學生身心健康的活動，是學校的責任，也是家長的責任，互相理解，是有益於教書育人的。

1990.6

老辣淺釋

　　我的父親喜歡吃辣椒，夏天炒新鮮辣椒，冬天乾辣椒研碎炸成的辣椒油或辣椒醬，始終是他所珍愛的，而且辣味越重越好。小時候我到菜園裡摘辣椒，他總是交代我，要揀辣的摘，我辨不出什麼樣的辣椒才辣，他又告訴我，你先蹲在菜園的地頭一望，見那尖尖的發黑的長得老的便摘，那嫩黃的即使個頭大也不辣，等蓄老了再摘。我的摘辣椒經歷，使我後來對「老辣」一詞也有了別樣親切的理解。

　　近日，父親到合肥小住，正趕上辣椒上市旺季，炒辣椒自然是每日餐桌上所必不可少的。然而，一日兩日過去，吃飯時我並不能見到父親往日額頭滲出一顆顆汗珠、胃口大開的模樣，而且他老是埋怨：辣椒不辣。無奈，我到菜市買辣椒，別人揀嫩的買，我則專揀那老黑的，但還是不能中父親的意。有一次我問賣辣椒的菜農，辣椒為什麼不辣？他告訴我，前期上市早的辣椒，都是大棚裡溫室長出來的，嫩生嬌弱，自然不辣，現在大棚雖然拆了，我們也專揀嫩的上市，老的辣的留給自家吃，因為城裡人怕辣。還是那個道理，溫室里長的不辣，在大自然經過風吹日晒雨淋的才辣，嫩的不辣，老的才辣，「梅花香自苦寒來，寶劍鋒從磨礪出」，其理一也。老辣，當然包括歲月的淘洗，其實還包括痛苦曲折的熬煉，二者皆備，老辣的份量是會更重些的。

　　由辣椒的不辣而想到世道人生，想到前幾天一位朋友告訴我的一件事：他的大公子已二十多歲了，在家裡永遠是長不大的孩

子，晚上要父母催睡，早上要父母催起，出門穿多少衣服都要父母操心，長輩們都犯愁，這孩子怎麼老是長不大？後來這長不大的孩子要出國留學，父母把他送上飛機，千叮嚀萬囑咐，還是放心不下。到了異國，人地生疏，還有語言上的障礙，自然給這長不大的孩子以許多尷尬，但沒有辦法，父母不在身邊，一切都得自己來，所以他自大洋彼岸打來長途電話：沒有什麼問題，請爸爸媽媽放心，請奶奶放心，一切都會好起來。朋友握著聽筒，頓時感到僅僅幾天這長不大的孩子一下子長大了！

　　老辣一詞，為上品，多為形容藝術，書畫詩詞散曲雜文，皆以老辣為上品。老辣也指人生：某公很辣。算不得褒獎，也算不得貶斥。《紅樓夢》裡那鳳辣子，她辣的一面，敢於管理的一面，不講情面的一面，讀者還是贊成的，只是她的圓滑和自私得不到認同。依我看，只要不流於奸詐，還是辣一點好，「世事洞明皆學問，人情練達即文章」，也可看作是辣。辣，只有在豐富多彩的自然界，在紛繁複雜的人世間才能練得出來。

1990.6

妒　葷

　　時下，飲食文化很熱鬧，出了不少介紹烹飪的書籍，電視節目不斷播出菜肴烹製的方法，還有不少研究滿漢全席、「紅樓饌肴」的文章不斷見於報紙刊物。我想這是一件好事，至少從一個側面反映了中華民族的文化水準、生活水準在提高，是用不著擔心人家講我們是「好吃的民族」的，因爲講究飲食文化並不等於奢侈浪費，更不同於暴食暴飲，我們總不至於提倡那種「一鍋燴」的粗笨吃法吧。

　　在到處都在注重飲食文化的情況下，我想起一件應在飲食文化之內而又鮮爲人知的飲食現象，那便是「妒葷」。我查閱了有關詞書，不見有「妒葷」條目，又翻閱了一些飲食方面的書籍，也不見有「妒葷」的記載。我將我所知道的「妒葷」現象，講給孩子聽、講給青年朋友聽、講給我的愛人聽，他們都以爲是天方夜譚式的趣聞；我給他們打比方、作解釋，也還是將信將疑，似懂非懂；因爲畢竟沒有見過，更沒有切身體驗，而且又已絕迹。

　　然而，「妒葷」乃千眞萬確，離我們也並不很遠，所以不應忘記。那是一九四八年的秋收季節，我的家鄉因洪水泛濫十分凄苦，我和祖母及一些同鄉到隔江的彭澤縣山村逃荒，同去的有一個啞吧，一日下午秋老虎天氣還很熱，他卻蹲在牆角晒太陽，並且冷得篩糠似地顫抖起來，臉色臘黃、縮成一團，有人以爲他是打皮寒，慌著去找「唐拾義」丸藥，我祖母卻阻攔說：不妨事的，不是打皮寒，是「妒葷」，剛才他比劃中午在一家幫短工的人家

吃了不少肥肉。「妒葷」不用吃藥的，再發一兩次也便好了。我當時歲數小，也沒有妒過葷，不明白什麼是「妒葷」，夜晚睡在床上，便詢問祖母，祖母說窮人長年不見葷腥，肚子裡沒有油水，猛一吃肥肉吃多了，受不住便鑽寒作冷打「肉皮寒」，就像打皮寒一樣的難受，她說她自己也妒過葷，只是不少人覺得「妒葷」難為情，羞於啓齒講出來。

　　飲食文化史如果漏掉了「妒葷」這一節，是一個缺陷，因為漏掉的是在飲食方面我們曾經有過怎樣的苦難。歷史的一頁已經翻了過去，「妒葷」現象是再也不會出現了，我們正在朝著飲食文明前進。「妒葷」現象也是一種哲理的反映，那就是許多事的處理不能過陡過急。大病初癒的人都知道，身體雖虧，需要營養，但增加營養只能慢慢來，太急了太猛了一定會壞事，瘦弱的禾苗如果施肥太多太急，那也無異於拔苗助長，於是，人們懂得循序漸進，一步一步地來，在處理很多棘手問題時採取微調方式，讓人們的承受能力有一個適應過程，不至於出現鑽寒作冷、暴起暴落的「妒葷」現象。人們曾大聲讚美過「只爭朝夕」的雷厲風行勁頭，那是何等英雄氣概、痛快淋漓，殊不知這微調之中也飽含著無窮的韜略和痛苦思慮。真正做到二者並行不悖，那是需要奇妙的智慧之光的。

1990.6

翻讀楊升庵的一首詩

　　明代四川有個狀元公楊升庵（楊愼），至今人們稱之爲「楊狀元」，很有文名，因開罪朝廷被流放雲南永昌，這時他新婚不久，妻子黃娥遠自巴蜀寄詩給他傾訴離別之苦，結尾兩句曰：「相逢空有刀環約，何日金雞下夜郎」，對他們的重新團聚很是迷惘。楊升庵接到這首詩，非常傷感，大放悲聲。他的朋友爲能使狀元公解除心中鬱悶，陪他一起去永昌興教寺看海棠。面對鮮艷奪目、生機無限的海棠花，狀元公即景立成一絕：「兩樹繁花占上春，多情誰是惜芳人；京華一朵千金價，肯信空山委路塵。」

　　這首詩當時即被人譽爲楊升庵的絕唱。絕唱之絕，我想主要是指「京華一朵千金價，肯信空山委路塵」這兩句，不僅是寫實，而且富有哲理。山野之花，只能是自生自滅，但一旦運進城裡，蘭花一個箭需一毛或幾毛錢，杜鵑的價格更是昂貴，京華之價豈是山村所能相比！楊升庵發此感嘆，當然不是對海棠有什麼特殊的感情，即景生情，抒發自己作爲一個逐臣的抑鬱，懷才不遇的情懷而已。

　　現在來談論楊升庵的這首詩，自然不是想做一篇什麼詩評，也是有感於現實生活中某些現象的一些聯想。前些日子我不斷收到一些熟悉的朋友的來信，都是希望給他的某大學某專科畢業的兒子或女兒找個單位，一律要求在城裡，不是在縣城，而是在省城，一位農民朋友也從數百里外找來要求幫忙，這事給我極深的感觸，省城就是這麼個容量，大家都湧來，如何消化得了，消化

不了，只得降價委身，胡亂弄個差使，豈不可惜！現在如果國家培養的大專畢業生都不在縣、區、鄉，都留在大城市裡，必然造成人才比例失調，一方面過剩，一方面奇缺。於是我想到了楊升庵的這首詩，特別是想到詩的後兩句，但是我想到是要把詩的後面兩句翻一翻，即翻成「山村一朵千金價，困守京華委路塵」。許多科技人員深深感到，在研究所研究院，無法發揮自己的才幹，英雄無用武之地，一旦走出高門深院，到基層去，到實際中去，科技知識立即會轉化成生產力，創造出預想不到的經濟效益，也會受到老百姓真摯熱情的歡迎，鄉村不是把科技人員作為「財神」，搶都搶不到手麼！知識的價值在於使知識轉化為生產力，轉化為社會效益。有一技之長者在「山村」，便會有千金之價，為何不去？不是許多知識分子、科技人員都走了這條路，都走通了這條路麼！即令楊升庵，當時雖備受流放之苦，但他在雲南傳播文化，整理方言，取得了很大成績，雲南人也和四川人一樣，至今懷念「楊狀元」。

　　翻讀一下楊升庵的這首詩，真有所得哩！

1990.7

「隨意爲樂」

　　國慶、中秋期間，花市上已擺滿了各色菊花，龍爪、滿天星、墨菊，爭芳鬥艷，十分喜人。回到自家陽台上看那幾盆菊花，雖然茁壯旺盛，卻剛剛現蕾，非得待到「秋來九月八」才能一展芳姿。後來聽園藝家介紹，讓菊花提前開花，只要縮短光照期便可以了，不但能讓菊花在國慶中秋期間開放，還可以讓菊花在「七一」、「八一」開放，可見只要掌握了事物的客觀規律，即可爲我所用，即所謂「百煉鋼化爲繞指柔」是也。

　　由菊花的提前開放而想到前些日子友人爲我刻的一方閑章，那方章文曰「隨意爲樂」，這四個字當然是我自己的意思。這方閑章一出，友善者便找我詢問：你想隨意作樂呵！我答曰：你這樣理解是你的事，但我這裡的「爲」字大有講究，隨意即是快樂呀！於是相視拊掌大笑。看到菊花不隨時令而隨人的意志提前開放，給佳節帶來如此的喜氣，不是印證了「隨意爲樂」的難得情趣麼！

　　人生有涯，在短暫的生命旅程中，許多人都在尋找自己的生命質量，尋找自己的快樂，然而，快樂、質量的標準如何定，則大有歧異。「醉生夢死」者有之，「損人利己」者有之，以不厭其煩地在昏暗燈光下清點自己積蓄爲樂者亦有之，革命者則認定自己的快樂就在人民的快樂之中，自己的幸福就在人民的幸福之中，「先天下之憂而憂，後天下之樂而樂」，可見中華民族的優良傳統一脈相傳。那麼，「隨意爲樂」又屬於哪一檔次呢？回答

這個問題，很自然地使我想起法國著名散文家蒙田的名言「要生活得寫意」。我想「隨意」並非一意孤行，也不是隨了你的意，就不隨我的意，而是要去做一個人應該做的事情。又是「隨意」，又是「應該」，這「隨意」和「應該」之間是否一致呢？這其中當然因人而異，確有一些人不去做他應該做的，而隨意去做他不應該做的，那又怎麼辦呢？我想還是用蒙田的話來回答：「懂得堂堂正正地享受人生，這是至高的甚而是至聖的完美品德。」庖丁解牛，鋒刃隨心所至，骨肉分離，那是一種多麼美妙的境界；書畫家掌握了筆墨、宣紙的規律，隨心揮洒，又是何等愜意！所以「隨意」也必須是懂得了人生規律之後方能享受的一種快樂，「隨心所欲不逾矩」，人生之矩對每個人都同樣地嚴肅，所以「隨意為樂」之前，還需歷練一番，以求了解人生之矩的眞諦。我雖然刻了那麼一方閑章，但對人生之矩只了解了一個大概，並沒有完全徹悟，所以「隨意為樂」只是我在力求洞明人生之矩的過程中的美好追求。

1990.12

悄然興起的寵物市場

　　友人曾送給我家一隻貓，乖巧玲瓏，一家人都很喜歡它。後來這隻貓因不堪孤寂之苦，毅然走失了，一家人都若有所失。過了些時候，家裡又有了一只小花貓，嬌弱得很，我問妻是從哪裡弄來的，妻說是買來的。我曾在菜市場三三兩兩地見過出賣的小貓，便隨口答道，菜市場賣貓的可不多的喲，妻說，不，是從「寵物市場」買來的。啊，「寵物市場」！這名字雖然不陌生，外國小說、電影、電視裡經常出現，想不到自己的身邊也有了「寵物市場」，仍然感到很新鮮。妻見我有點少見多怪的驚奇，便慫恿我到「寵物市場」去看一看，也好長長見識。

　　「寵物市場」集市只在星期天上午，包河邊的一角。八點過後，賣狗、貓、猴、鳥和蟋蟀的，先後聚攏來，各自兜售自己的寵物，也有帶著貓、狗等來逛「寵物市場」的。鳥鳴犬吠，很有些熱鬧的氣氛。寵物的價格各不相等，像我家買的那只小花貓，屬極平常的物種，十二、三元便可以了。這使我想起老家有以雞易貓的風俗，不管是親戚朋友，也不管他家的小貓如何的多，要求得到一只貓來家養，必定要提一只老母雞去換，有道是「狗要拐、貓要買」，說是白要來的貓不捉老鼠，農家不養寵物，用不著供玩賞的懶貓，是以實用為第一的，用一只雞圖個吉祥，求得無鼠患的安逸，也很樂意。現在小花貓十二、三元，也不過是一只老母雞的價格，只是城裡買貓的人家多數不是指望它來捉老鼠的。其餘的如波斯貓、袖珍矮腳狗等等，則很昂貴，一般人家即

使有此閑情，還是不輕易貿然花大價錢去成交的。

　　逛了「寵物市場」之後，又讀到一些關於寵物的報導，北京、上海早就有了，原以為國內養殖貓、狗的專業戶，只是眼光對外，出口供外國人消遣取樂的，其實並不盡然。北京有個小伙子談女朋友，眼看要泡湯，小伙子得知女方的父親愛鳥如命，不惜重金買了一對畫眉，提到女家之後，氣氛立即大變，終於成就了美滿姻緣，想來買貓、狗派大用場的也不在少數。最近聽說有了若干的貓、狗食品店，最近還聽說有家出版社高價徵集有關養蟋蟀的書稿，過一個時期一定還會聽說有貓狗食品店和貓狗醫院……

　　面對悄然興起的「寵物市場」，我不知作何感想，我們富裕了，我們安逸了，有人玩物喪志了，有人逍遙自在了，有人孤寂無奈了，……理不出個頭緒。然而又一想，大千世界，光怪陸離，萬事萬物都可有它存在的一席之地，何況「寵物市場」，管它呢！

1990.12

燒　靈

「燒靈」，是我的家鄉的習俗，即給死去的人燒用紙扎成的房屋與日用家具，好讓死者在陰間起居舒適。紙扎的靈屋，無非是現實生活中一般住房的按比例縮小，當然不扎草房，扎匠所能想象出來的一般青磚瓦房而已，門口照例有用黑色的紙剪出來的兩匹狗，是爲死者守門的，箱、柜之類早有親屬作爲悼念的禮品送來。「燒靈」是和喪事連在一起的，死者安葬之後即在村頭的草坪舉行，道士一邊念經一邊焚化，焚化的時候，需注意靈屋的骨架不要歪斜，免得這屋子到陰間有傾倒之虞。望著紙灰化蝶的情景，讓人益發地哀思淒然。燒靈的時候要在火堆裡燒一塊石頭，即將燒完之際，用一個葫蘆瓢裝了，潑上醋，冒著熱氣，由一個人拿著晃當晃當地搖動，領著道士，村子裡各家各戶走一遭，以消災禳禍，這其中既有迷信色彩又有科學道理。「燒靈」完結了，整個喪事也便辦完了。據說，現在有些農村「燒靈」也現代化了，紙扎的小汽車、電視機、冰箱等等一應皆備，令人啼笑皆非。

後來一翻古籍，原來「燒靈」之類的事不獨民間有，朝廷也有。慈禧死於一九○八年十一月十五日，次年的古曆七月十五日中元節（俗稱鬼節）便給她燒「法船」，據《清宮述聞》記載，法船「長十八丈，寬二丈，上有樓殿亭榭，陳設悉備，侍從、篙工數十人，高與人等，皆著眞衣」，「在東華門外沙灘焚化，烈焰沖天，光照數里，男女老幼擁衆圍觀。」這法船是給慈禧引渡彼岸的，規模之大，花費之巨，自是民間所不能及。

　　我祖母是三十多年前去世的。當時恰逢三年困難時期，農村的凋敝苦難情狀至今令人不忍回首，幸而父親早就爲祖母預備了棺木，才不至於草草掩埋，但一切後事的處理卻是極爲簡化的。祖母去世後的三十年間，我父親常在我面前念叨一件事，就是沒有給奶奶「燒靈」，並說常做夢，夢見奶奶居無定處，甚至在風雨中索瑟，有幾次竟邊說邊潸然掉淚。我勸他說，人死一切皆滅，沒有什麼陰曹地府，奶奶在世時，一家人對她都很孝順，死的時候因生計艱難，後事雖簡單了些，但也應了厚養薄葬的古訓。父親只是默默地聽著，從不和我辯駁。

　　前些日子，弟弟來信說，父親在陰曆七月十五給奶奶燒了靈，所花的費用都是他春上栽種四分地的辣椒，賣了辣椒之後積攢下來的。接到這封信後，我心裡很是翻騰了一陣。我父親快七十歲了，讀過兩年私塾，初通文墨，在鄉間是個開明農民，並不怎麼相信迷信，三十多年來，他始終不忘給我的祖母「燒靈」，並且有計劃地堅持用他自己的勞動所得來實踐他的心願，我想單用迷信來解釋是不近情理的，用孝道來解釋也不能完全說清楚。世界上所有的善良人都力求使自己的內心世界安詳寧靜，我父親便是這樣。

1990.12

新春樂趣

　　新春是有許多樂趣的，貼春聯、貼年畫、放鞭炮、玩花燈、穿新衣服、吃好菜、合家團聚，人比平時和氣、環境衛生比平時好。此外還有許多別的樂趣，小孩有小孩之樂，大人有大人之樂，想著法子自樂、取樂，眞是其樂無窮。沿江一帶，圍繞新女婿、新媳婦的新春之樂，就別有風味。

　　頭年把媳婦娶過來，過了春節，新女婿是一定要帶著新娘子去向岳父、岳母拜年的，鄉間曰「回門」。回門的禮數也極隆重，需備足糖、餅、酒、肉，滿滿地挑上一擔，禮籃上需貼上大紅喜字，蓋上大紅方巾，再講究一點的，禮籃的繩繫還要穿上紅布帶，扁擔兩頭也需貼上喜字，總之是大吉大利，喜氣洋洋。因爲媳婦娶到了家，新女婿雖沒有認親時那般拘謹、侷促，然而越是接近岳家，這新女婿的心情便是越是緊張，因爲一到村頭，便有許多人在等著。新女婿見到岳父莊子上的所有人，無論大人小孩，都得以禮相待，以禮還禮，對方若是拱拱手，那當然很好辦，但那些毛頭小伙子，平時盡管跟新女婿很親熱，這時卻有點過不去，迎面撲通一跪，你也得撲通一跪。遇到雨雪天，人家早有準備，在膝蓋處裹上了防水防泥的布片，新女婿只好泥裡來水裡去，顧不得一身乾淨衣裳了。天氣晴朗，地面乾爽，一般是要利索些的，但若碰上惡作劇者，就在你下跪的當兒，就地潑上一瓢水，你也只好忍著跪下去或求情討饒，千萬不能發火，因爲你把人家莊子上的姑娘娶走了，毛頭小伙子們嘴裡不說，心裡總歸有點不平衡，

這種取樂方式，不就是求得一種心理平衡麼！當然，若是鬧得過份了，岳父母家是有人會出來勸阻說好話的，這個擔子只能落在小舅子身上，小姨子是不便出面的，新媳婦也說不上話，沒有小舅子的新女婿可就苦了。有時一跪開了頭，接著便是十幾跪二十幾跪，直到向岳父母行完大禮為止，此時新女婿已是汗流滿面，氣喘噓噓了，若是冰凍天氣，地面硬結，膝蓋頭怕是要紅腫的哩。在這整個過程中，好客的莊上人不斷放鞭炮，歡笑不止，樂何如之。

　　和新媳婦取樂，如果說洞房花燭夜鬧新房是第一遭，請春客則是第二遭。鄉間過年本莊子請春客，一般是不請女賓的，但若莊子上誰家娶了新媳婦，就一定要以新媳婦為主請女賓。新媳婦明知這頓飯不好吃，但還是一定要去的，不去就是失禮。扣飯、扣菜（主要是大肉）還好辦，自有小姑子、大嫂子幫忙處理掉，最害怕的是抹油煙，正當你在揀菜吃飯之時，猛古丁從旁邊哪個屋子裡竄出一個小伙子來，忽地一下往你臉上一抹，頓時成了大花臉，又難洗又難看，滿堂歡笑，上下捧腹。然而即令如此，還不能就此下席，還要耐著性子把臉洗乾淨將這頓飯吃完。也只要過了這一關後，便不會再有冒失鬼來個第二遭了。

　　這些春節取樂的民間習俗，雖帶有某些捉弄人的色彩，但又體現了人與人之間和睦美好的情誼，是中華民族相互團結、相互理解的一種文化表現。

1991.2

鬧羊花

　　有件事總想說出來，卻總也沒有說出來，恰逢這件事與羊有點緣由，今年是辛未羊年，借機說出來以了卻一樁心事。

　　好多年前的一個春天，我到霍山縣的諸佛庵探親。諸佛庵是大別山裡的一座小鎮，周圍都是山，其時春光爛漫，滿山碧綠，各色各樣的鮮花盛開，真是一個迷人的世界。將回合肥時，想到山上挖幾株花帶回來。我曉得山上的蘭草很多，合肥花市的蘭草大多來自霍山、金寨一帶的山裡，一毛或幾毛錢一個箭，可謂「京華一朵千金價」，但那時蘭花已謝了。紅杜鵑雖然漫山遍野，然而花期已近尾聲，山坳山拐到處都是飄零的花瓣。山腳下有一戶人家，新起的瓦房，房梁和門楣上的紅穗子還依然鮮艷地在春風中飄動。我們去那裡小憩，並請教挖什麼花好。農家老大娘和氣可親，說山裡難得有客人來，款待以清香的家製新茶，還告訴我們黃花杜鵑又好栽又好看，黃得像綢子一樣，何不挖一棵帶回去。我問哪裡有黃花杜鵑，老大娘立即喊來她不過十歲的孫子，吩咐道：寶兒，帶這位叔叔到你家爺爺那裡去挖杜鵑花。小傢伙立即拿了一把挖鋤，帶著我向山裡走去。

　　大約半里許，有一座新墳，破損的紙幡在山風中徐捲徐舒，新墳的邊上確然有一簇簇黃得醒目的花，寶兒停下來朝那黃花指了指。我一看，原來這黃花杜鵑就是「鬧羊花」。我問：你爺爺呢？寶兒並不做聲，只是朝那新墳看了看。我很寂然。草草地挖了株鬧羊花就匆忙下山了。

　　我把這鬧羊花帶回合肥，栽在一個很大的花盆裡，第二年的春天居然開出了很好看的黃花。友人送我的兩只虎皮鸚鵡，也和鬧羊花一起放在陽台上。有一天這兩只小東西突然昏昏地不能站立也不能吃小米了，一看旁邊的鬧羊花，那寬寬的葉子有它們啄食的痕迹，原來是中毒了。過了半日，毒性過了，它們又歡蹦亂跳起來。鬧羊花毒性並不烈，只是鬧鬧而已。我查了查植物譜，鬧羊花學名羊躑躅，杜鵑科，可作麻醉劑入藥，羊吃了它的葉子也是歪歪扭扭地走路不怎麼靈便，所以謂之「羊躑躅」，是不會有性命之虞的。

　　鬧羊花已是早就枯萎了。然而上山挖杜鵑花的那一幕卻時時浮上我的心頭，我始終記得老大娘吩咐她孫子的那句話：到你爺爺那裡去挖杜鵑花。那麼平靜，那麼安詳，彷彿那長眠的老人還在山裡勞作，只要喊一聲，便可立即回到那奶孫倆的身邊。

　　每年春天，我都不由得想到鬧羊花，想起那素昧平生的老大娘，還想起「雖死猶生」這句話。雖死猶生，主旨固然是指偉大、剛烈、重於泰山，然而感情的長河流在了一起，音容笑貌不是也永久地不會磨滅麼！

1991.4

鹽梅‧鼎鼐‧彌勒‧韋馱

　　去年冬天，赴京學習住萬壽路中組部招待所，會議室掛有當代書家歐陽中石先生所書橫幅，文曰：「商略鹽梅，調和鼎鼐」。書體勁秀，令人贊嘆不已。看的次數多了，就不只是欣賞歐陽中石先生的書法藝術，還要領略一番這條幅所蘊含的意義了。有人從字面解，以為又是能吃的「鹽」和「梅」，又是能烹飪食物的「鼎」和「鼐」，想歐陽中石先生是在鼓勵招待所做好飯菜，招待好四方來客吧。有人提醒說，可不要忘記這是中組部招待所，不能只從字面解，還要引申來解，歐陽先生還是希望用好人才，發揮群體效應，治理好國家哩！所謂「鹽梅」和「鼎鼐」，都是對古代宰陽的贊美，這是引用殷高宗命一個名叫傅說的大臣出相時說的兩句話：「若作和羹，爾惟鹽梅」（《書‧說命下》），鹽味鹹，梅味酸，稱贊傅說是一個能將五味調和，協調好各方面關係，兼容各方面的人才的治國賢臣。同時還引用了北宋名相寇準的一段掌故，說寇準當宰相三十年，沒有建造宰相府之類的私人宅第，於是有人寫詩贊美他：「有官居鼎鼐，無地起樓台」。至此，對於歐陽先生所書橫幅的意義，算是比較清楚了。

　　學習結束回來後，我還是時時想到歐陽先生的橫幅，時時想到「鹽梅」和「鼎鼐」，想到用這兩個詞來作為治國賢臣代稱的貼切，想到毛澤東主席所說的領導者的兩大職責是製定政策和運用幹部，同時還聯想到彌勒佛和韋馱的傳說。現在我們在一些寺廟的天王殿裡看到大肚彌勒佛背後，必有一位威風凜凜的韋馱將

軍，與彌勒靠背而立。彌勒笑口常開，慈眉善目，喜迎各方香客，韋馱則與彌勒迥然而異，滿臉警戒神色，威武嚴肅。據說他們二位原來各處各的廟宇，不在一起的，彌勒廟的香客多而煙火盛，但彌勒過於寬容大度，有的香客就不買他的賬，上完香以後，甚至順手牽羊地將廟裡的供品和其它物件拿走了，失之於管理不善。韋馱由於十分嚴肅，香客不敢從廟裡拿東西，一應物件等保管雖很完備，卻又過於冷清，香客極少。後來，如來佛到他們二位各自的廟宇巡視佛事，看出了他們的所長所短，就將他們二位的廟宇並爲一處，於是就出現了香客既多、管理又好的新氣象，這便是發揮了彌勒和韋馱二人的長處的結果。

　　上面的關於彌勒和韋馱的傳說，雖有點荒誕不經，但聯繫到鹽梅和鼎鼐的含義，這個傳說裡確然又凝結著如何管理好事業的理想。時常聽人說，一個班子裡須得有唱紅臉的，也須得有唱黑臉的，這說明人們對領導層的群體結構已經引起了注意。隨著現代化建設進程的向前發展，一個單位、一個部門、一個地區領導層的組成，在強調政治素質的前提下，越來越需要考慮到它的群體功能，需要有各方面的人才。去年，一些省市選派了一些科技工作者到一些縣擔任科技副縣長，對於科技興農，對於用科學的觀點、科學的方法興辦一切事業起到了很好的作用，就是一個例證。然而，要把彌勒和韋馱團結在一起，把各方面的人才團結在一起，使他們爲一個共同的目標而奮鬥，主要負責人就一定需要有鹽梅之風、鼎鼐之度，需要有協調的本領、兼容的風格和藝術。所謂人才難得，難也就難在這裡。如果亂點鴛鴦譜，甚至一味地只考慮平衡照顧，使領導層立不起來，或臃腫散亂，或結構失衡，那也便不能指望有什麼作爲了。

1991.4

朱然墓隨想

　　四月下旬去馬鞍山市，遊覽了朱然墓。朱然是三國時期東吳的大將，很受孫權的器重。以前人們之所以不太願意提起朱然，大約是因爲他殺了關羽，毀滅了一代英才，心裡總不大平衡。這一回去看朱然的墓葬，仍然不是爲了去憑弔朱然其人，和去當塗青山看太白墓時的心情完全不一樣，只是因爲朱然墓葬裡的幾件文物，又一次使我們看到了中華民族的歷史光輝。

　　朱然墓曾被盜過，珠寶金玉自然被全數掠走，所剩的物器已寥寥無幾了。然而就是這寥寥無幾的不被盜賊看在眼裡的物器，正是稀世珍寶。

　　姑不說那整株楠木雕製的棺材在地下埋了一千七百多年之後仍然完好如初，就是那木刺、木屐和漆器上的繪畫就足以使人眼睛一亮了。木刺是當時的名片，木製長條小薄板，上書姓名和職位，分有送給上級、同級和下級的三種；木屐即當時的拖鞋。這兩種東西，看起來簡單，其實不然。此前日本人曾斷言名片和木屐的發明權在他們，這兩樣東西一出土，立即震動日本學術界，不少日本人寫文章、發表演說，說他們的根眞正在中國，是中國的古代文明滋潤著他們這些東瀛子孫。那漆器上的繪畫，至今漆色如新，人物花鳥神彩翩然，專家們欣喜地說是塡補了中國繪畫史上的空白。

　　誰的根在哪裡，是否塡補了某項空白，考古學家、史學家們有興趣，現實生活中的人們是不大顧及的。就如日本人所說，他

們承認他們的根在中國，也不自今日始，但他們現在的繁榮發展完全是他們自己的事，沒有理由也沒有必要將他們的現實和他們的根聯繫起來。他們之中若有人能記得這一點就很不錯了，他們之中若有人故意裝糊塗，採取非禮的行動，也不以人的意志爲轉移，歷史上有過這類事，他們掄起屠刀，紅著眼睛，殘忍地砍殺手無寸鐵的中國的老人、婦女和兒童時，並不記得什麼根不根的，今後或許好些，也不能完全打包票。不過通過歷史和現實的教化，無論根在哪裡，人類總是在進步。朱然墓裡的出土文物，能使日本有識之士再一次看到自己的根，當然很了不起，有根和沒有根畢竟不一樣，不然人們爲什麼老是要找他們的根呢！

　　遊覽過朱然墓，回顧一下細雨迷濛中的朱然墓文物陳列館，覺得這座建築倒也有些氣派。可是不知誰說了一句這是仿日建築，帶有和式風味。我不熟悉日本建築，更不能領略和式風味，但聽了這話心裡老大不是滋味，剛才還說日本人自己說他們的根在中國，又何苦在這種地方來搞什麼仿日建築，難道我們眞的什麼都要從日本引進嗎？我端詳了一下那建築，兩端似兩個巨牙高啄，很是威武，於是毅然說，這不是仿日建築，是「刑天型」建築，典型的中國傳統中國風格，「刑天舞干戚，猛志固常在」是也，象徵朱然是武將。其實我對建築學一竅不通，所謂「刑天型」完全是我的即興杜撰，心裡對陶淵明老先生那兩句詩一直懷有崇敬是眞的，至於其他則是沒有譜的。下意識的只是想與其說是和式建築，還倒不如讓朱然威武一回。

1991.5

一首明白而不易眞正讀懂的詩

　　清晨走在馬路上，常常可以看到年輕的父親或母親送他們幼小的子女上小學或幼稚園，總是一邊走一邊給孩子們傳授這樣或那樣的知識，而唐詩中「鋤禾日當午，汗滴禾下土，誰知盤中餐，粒粒皆辛苦」，則是許多人所樂於採用的對孩子們進行啓蒙教育的教材。這首詩通俗易懂，好讀好記，而又立意高遠，講了一個亘古不變的眞理，無論對於一貧如洗的窮光蛋，或是腰纏萬貫的大富翁，都一樣地有意義。自古至今，人類社會始終視愛惜用血汗凝結起來的糧食爲應當普遍遵循的美德。

　　這首詩，許多孩子是記住了，走進許多個家庭，他們都會朗朗地爲你背誦這首詩。然而記住了並不等於讀懂了。他們中的許多人從小學至中學至大學，由蒙童漸次長大，走上社會，這首詩是記得很牢的，然而對於那「汗滴禾下土」的艱辛，到底體味得如何，卻要大大地打個問號。君不見不少大學、機關的食堂裡，米飯、饅頭、包子，整碗整碗地、半個一個地任意拋丟嗎？君不見許多大小餐館的泔水缸裡，白花花的米麵等，過不了幾天便有半缸一缸嗎？浪費糧食至今是一個值得注意的社會問題。短短的一首五言絕句，人們讀了一千多年，至今還沒有讀懂，豈不悲哉！

　　自然，這首詩也不是所有的人都沒有讀懂，有的人確實把它記在了心上，時時刻刻都將糧食視爲珍寶，倍加愛惜。已故周恩來總理，便是其中的典範。最近看電影《周恩來》，其中一個鏡頭是總理赴邢台地震災區慰問災民並和災民一起用餐的情景，總

理吃完碗裡的糊糊後，還要用一塊饅頭將碗底裡粘下的糊糊抹盡一起吃掉，不致有一絲一毫的浪費。或許有人說這是電影，有藝術加工成份，不足爲據，恰好我手頭有一份資料。一九六〇年五月十五日，總理在桂林榕湖飯店用午餐，把自己掉在桌子上的幾顆飯粒，仔細地撿起來吃掉了，使飯店的工作人員感慨不已。

中國是一個人口眾多的大國，解決吃飯問題非常不容易，歷朝歷代人們爲了吃飽肚子，面朝黃土背朝天地辛勤勞作，還不斷虔誠地向上蒼祈求風調雨順，希望有個好的年景。爲什麼到手的糧食又不加愛惜，隨意浪費呢？到農村去走一走，種糧的農民是十分珍惜他們的血汗結晶的，到災區去走一走，災民們在糧食不足的情況下更是惜糧如金的。隨意浪費糧食的人，大多是沒有經過勞作之苦，沒有體會過餓肚子的滋味或者忘記了餓肚子的滋味的。奉勸隨意拋丟米飯、饅頭，以爲不足道以爲是自己花錢買來的諸君，還是把那首「鋤禾日當午」好好讀一讀，如果自己不曾種過田，也去設想一下烈日之下、寒風之中，那種吃力負重的勞苦情狀，然後再來檢討一下自己的行爲。

1991.10

紅豆啊，紅豆！

　　從西雙版納回來已有好幾個月了，但我常常想到在那祖國的綠色明珠所度過的美好時光。臨離開西雙版納時，友人送給我們的禮物是兩顆紅豆，紅豆鑲嵌在有機玻璃製成的紀念牌裡，並刻有王維的詩句：「紅豆生南國，春來發幾枝，願君多采擷，此物最相思。」王維所看到的所寫的紅豆，肯定不是西雙版納所產，王維那個時代的西雙版納乃蠻荒瘴癘之地，道路不通，險阻重重，祖籍山西的王維，是無法到那裡去的。近代的大旅行家馬可·波羅曾在雲南轉悠了一兩年，都沒能去成西雙版納，不是不想去，而是去不了。王維所看到的紅豆，一定沒有西雙版納的好。友人贈送的紅豆，晶瑩如美玉，鮮紅的顏色透明如火苗，那形狀恰如一顆心，呈現在你面前，似乎能感覺到搏動的節律。據生物學家介紹，由於西雙版納日照特別充分，植物的光合作用尤其好，養分豐富，所以一到西雙版納便感到那裡的葉子特別綠，那裡的花特別艷，那里的果實特別飽滿。推而廣之，那裡的紅豆比別處的更好看，也便沒有什麼奇怪了。然而，紅豆雖有其觀賞的價值，畢竟只是一種植物的種子，在西雙版納的熱帶植物園裡很容易拾到，有位老太太在那裡邊撿邊賣，五角錢一顆，碰到我們這些外地人，生意好得很哩。紅豆的聲名遠播，自然要歸功於王維，是他那美妙的五言絕句，給了這紅豆以無限的魅力，尤其是王維魔術師般地賦予紅豆以「相思」的情結，更使得古往今來的少男少女們魂牽夢繞，於是世世代代便以這鮮艷的紅色，以這形同心臟

的物件，寄托他們難以言表的無盡相思。古人云：言之無文，行之不遠；反過來看：言之有文，則知名度高，生命力強。前些年有人說，哈爾濱的太陽島本來不名一文，荒島而已，硬是鄭緒蘭給唱出來的，又一次印證了古人的論述。可見言之有文的偉大力量。

　　不過，我之所以要咏嘆這紅豆，並非還具有一般少男少女們的情懷，我實在是對祖國的那樣一顆洋溢著無限生機的明珠，充滿著眷眷的深情，我常常想起那一片片烏油油的橡膠林，我常常回憶起在膠園看割膠的情景，看那汩汩的膠汁流入膠碗時的心情和聯想；還有那瀾滄江、橄欖壩、熱帶雨林、牛肚子果、象牙芒，還有那傣家的木樓、傣味和大圓圈舞、潑水為禮，那裡的一切實在太奇妙了。每每撿拾友人送給的紅豆，我的心便飛向了那遼遠的天涯——西雙版納。

1991.11

話說「風流」

「風流」一詞的原義是什麼，很難說清楚，我想總不能望文生義說成是風在流動吧，但一想到「風塵」是以風吹灰土落在身上來比喻旅途的辛苦勞頓，便覺這樣來定義「風流」也有些道理，因爲不是颶風、暴風、乾熱的風、刺骨的風，而是輕輕流動的風，如同抒情的樂曲，如同叮咚的小溪，如同和煦的陽光，給予人的該是愜意、美好、瀟灑的意境。

不過現實生活很奇怪，盡管辭書於「風流」一詞早有明確的說法，但人們對於「風流」還是有兩種截然不同的評判，如果文章詞賦與「風流」聯繫起來，那當然是古人說了算，「不著一字，盡得風流」，是謂上乘的佳作；如果人與「風流」聯繫起來，那可了不得。想想那唐伯虎吧，本來一介書生，很有些才情，但因科場冤案遭革黜，自此傲物狂放，以「江南第一風流才子」自命，所謂「風流」者，無非是和當時的名士詩酒唱和或捉弄揶揄豪富貪吏，行爲有些乖張而不拘一格，但也不是沒有法度。說到底，唐伯虎不過一名落魄文人，但世人還是不放過他，硬將他與華府的秋香，或與八美、九美扯在一起不厭其煩地說他爲人風流，也便是輕狂、好色、偷情，有些等而下之也。其實這是很冤枉他的，據史家考證，唐伯虎一生潦倒，始終過著一夫一妻的日子，所謂「三笑點秋香」之類純屬無稽之談。近讀唐伯虎的兩首詩，更使我感到他是冤枉的，一首曰《七十詞》：「人言七十古稀，我言七十爲奇。前十年幼小，後十年衰老；中間止有五十年，一半又

在夜裡過了。算來只有二十五年在世，受盡多少奔波煩惱。」另一首曰《伯虎絕筆》：「生在陽間有散場，死在地府也何妨？陽間地府俱相似，只當漂流在異鄉。」何等質樸，何等洒脫，於人於事於生於死又何等明白，和蠅營苟且斷然不是一個路數。

由「風流」至唐伯虎，不是想爲這位古人辯誣，對於他也應當洒脫一點，由他去吧。我想探究一下中國人爲什麼不能與「風流」聯繫在一起，其實大政治家、大文學家是早就將風流作爲人的美喻的，毛澤東有「數風流人物還看今朝」、蘇東坡有「浪淘盡千古風流人物」之章句，不能說不大氣磅礴、豪放之至，但世人並不理會，生活得小心翼翼，「風流」不得。其原因可能是中國人一生碌碌爲衣食而奔忙，難得「風流」起來，偶有一「風流」者，便木秀於林，風必摧之。由此想到許多觀眾對影視劇的埋怨，不風趣啦，不幽默啦，枯燥平板說教啦等等，其實這也怨不得製作者，大多數人都生活在一種缺乏情趣的氛圍裡，又怎麼能製作得出花團錦簇的影視片呢。多少年來不知怎麼給曹雪芹懵上了一回，於是改編成這，改編成那，生生不息，至今還有許多人在吃「紅學」飯、「紅樓」飯，「風流」之褒耶貶耶，由是可見一斑。

說到底，「風流」是素質高雅的一種表現，沒有一定文化素養，品性沒有得到應有的陶冶，想「風流」還「風流」不起來哩。「數風流人物還看今朝」，願更多的人「風流」起來。

1991.11

樂何如之

　　我平時喜歡塗鴉，也有過在小學四年級時便給老家的鄉親書寫春聯的「光榮」歷史，然而十分慚愧，於書道終無多少長進。原因有二：一是無名師指點，信筆寫來，今天模仿張三，明天效法李四，顛來倒去，壞了坯子；二是沒有眞正下過筆山墨池三缸水的功夫，缺少磨煉。即使如此，我的一位老鄰居還是執意要我爲他寫幾個字：以作中堂補壁。我知道，他看中我的字在其次，珍視多年的比鄰而居的友情則是主要的。這件事我雖然一直放在心上，還是遲遲地往後推，從去年春節至今將近一年了，鄰居又來催促，實在不好意思拖下去，只得趕鴨子上架了。

　　既然這幾個字是友情的象徵，便需講究一下寫什麼內容了。我的這位鄰居農民出身，從小很苦，沒念過多少書，現有的文化全靠自學得來。他解放初期在鄉裡工作，現在則是省直機關的一位中層幹部，很不容易的，所以我想了四個字，曰：「勞筋餓骨」。這四個字當然是從孟老夫子那裡來的，一是稱贊鄰居一貫的刻苦自礪；二是祝願：天將降大任于斯人也。我寫好後，妻說不妥，不要去鼓勵人家追名逐利。我一想也有理，於是重來。我像過電影一樣回顧了我們做鄰居的生活情景，於是又寫了四個字，曰：「樂何如之。」爲什麼要寫這四個字？其解有三：粉碎「四人幫」前，他家三個孩子尙小，農村的老父老母需贍養接濟，夫婦二人的工資收入都不高，生活不免拮据，若遇到不順心的事，他的夫人便衝著他說：「你快活什麼？」這時我們便頓覺黯然。「你快

活什麼?」此「樂何如之」解之一也。隨著改革開放,農村的情況好起來,城裡的情況也好起來,每當我們相聚時,他的夫人總是樂悠悠地說:「現在快活了!」此「樂何如之」解之二也;我常常想,我的那位鄰居一家,無論過去和現在都充滿著融融之樂,原因固然是多方面的,他有個賢內助則至關重要。他的夫人恰好又姓何,不僅裡裡外外一把手,將工作家務處理得井井有條,而且處人處事熱情和氣,妻賢夫自樂,有了這麼一位姓何的賢慧內助,為什麼不快樂呢?「樂何如之」解之三也。

　　有道是:字難上牆。「樂何如之」四個字雖然寫出來了,上牆或許有礙歡騰;不過我想,我的鄰居是會贊同我的關於「樂何如之」的以上三解的。如此這般,他也一定會裝裱起來掛在他家的牆上的。

1992.1

猴子望太平`

　　猴年春節前夕，一家報紙舉辦新春有獎燈謎徵答，其中有一道的謎面是：「新年人人盼安定」，謎底需是安徽一景觀。孩子們一下便猜中了：黃山的「猴子望太平」。這個謎語出得好，它道出千萬人的心聲，也是一種美好的祝願。中國歷史上兵火不斷，戰禍頻仍，老百姓慘遭離亂之苦，所以人們常講「平安是福」、「太平是福」。民間流傳著許多祈求「平安」、「太平」的俗例。北京的祈年殿，則是皇帝祝禱風調雨順、國泰民安的場所，雖然皇帝往往是禍亂的根源，但真正亂起來了，他也受不了，所以常以至尊之態，祈求上蒼神靈保佑。到了清代，更是法定為一年一次的國之大典。黃山除了人們巧妙地命名為「猴子望太平」的奇特景觀之外，還有一處景觀，即進入黃山大門的千仞石壁之上，鐫刻著的那「立馬空東海，登高望太平」十個大字，那是能工巧匠們的傑作，每個字三十六平方米，他們是用智慧、汗水、鮮血來祈求太平的。

　　黃山的「猴子望太平」，我不只一次去流連過，有人說望的是太平湖，有人說望的是太平縣，其實那石猴所望的方向，煙波浩渺，雲海翻騰，給人以驚心動魄之感，以「太平」來命名，立即產生一種強烈的意識反差。再看看那安然端坐的石猴，又覺得有一種了不起的縱觀天下風雲的氣度。「望太平」當然不是被動地等待太平的到來，還包括用它的智能去謀求太平，這石猴又當是偉大人民的化身。要論氣度，猴當然輪不上，但進化論常說人

是猴子變的，作為人類的最親近的朋友，說這石猴是人的化身當
然也還言正名順。《西遊記》裡齊天大聖的本領還不是人類智慧
的反映？最近一次在黃山領略猴子望太平的風彩，又使我有了新
的聯想，雖然世界風雲變幻，雖然地球上不少地方還不安寧，但
在中國大地上，到處是一派祥和氣氛，改革開放的春風，使各條
戰線、各個方面發生了巨大的變化，國力增強，人民也得到了不
少實惠。我們雖然還有不少困難，也是前進中的困難，也是安定
的大氛圍裡可以得到順利解決的困難。即令如我省去年遭到那樣
的大水災，而後又是那樣的久旱、暴雪、嚴寒，但全省各地社會
安定，人心穩定，災民們極少有凍餒疾病之苦。他們正精神振奮，
信心百倍地重建家園，力爭盡快彌補災害所造成的巨大損失。這
個令人鼓舞的和平建設的好的環境，當然不是黃山的石猴所能望
來的，而是我們有了好的政策，有了好的治國安邦的方略。在這
個大的氛圍裡工作、學習和生活，好好回味一下，便能體會到「
平安是福」、「太平是福」對於每一個人來說是多麼寶貴。

　　說到「猴子望太平」，還使我想起民間一句俗語，即人們常
以「精得像猴」這句話來贊揚某人的精明、能幹。猴的確靈巧、
精妙、善解人意，但它畢竟是動物，充其量只能摹仿人類的一些
簡單行為，唯有人才是萬物之靈。中華兒女古往今來都以勤勞智
慧稱著於世界，中國之所以還比較窮，同世界先進國家拉下一些
差距，完全不是中國人的創造力不及西方人，而是中國歷史上長
期處於封建統治，常常缺少太平環境，使中國人的創造力得不到
很好的發揮。現在政策好，人心安定，社會安定，正是有志有為
的中華兒女大展宏圖、奮發拼搏的時候，幹部不可只做太平官，
老百姓不可只享太平福，把自己的精明與才能用於發展經濟，用
於改革開放，把改革的氣氛搞濃，把開放的步子加大，集中精力

把經濟搞上去。只有把經濟搞上去，才能自立於世界民族之林，經濟上不去，不管如何精明，也是要挨打的，無數歷史事實都說明了這個問題。所以凡有志氣的中國人，都應把自己的精明貢獻出來，爲了祖國，爲了人民，而不是爲一己之私利，唯其如此，「精得像猴」才有了眞正的歸宿。

1992.2

泉州古桑吟

——春節寄語

　　兩年前去過一次福建，眞個是八閩大地，處處迷人，然而給我印象最深的還是著名僑鄉泉州市開元寺內的一株千年古桑，眞乃堪稱奇觀中的奇觀。據說在早年間，這株古桑曾遭到炸雷的轟擊，將主幹一劈爲三，從此便三株鼎立，但依然生長茂盛，蔭蔭翕翕，覆蓋的面積約有一畝之多。經過漫長歲月的歷史的風吹雨洗，這株千年古桑像一位閱盡人間滄桑的歷史老人那樣引人注目，一睹它的風采之後，便再也不會忘記，竟至於有好幾次進入我的夢中。烏油油在太陽之下閃著亮光的的樹冠，鐵一般堅硬的樹幹，有如虬龍蜿蜒的樹根，還有那密密層層的紫紅淋漓的桑椹，都歷歷如在眼前。福建籍詩人林紓先生曾說過：「句爲偶拈無次第，夢常半記不分明」，然而關於這株古桑的夢，我卻記得清清楚楚，它給我帶來如此悠遠的遐想，它使我想到本固枝榮、根深葉茂這一些美妙的成語，它也使我想到我們古老的民族古老的祖國。

　　從泉州去廈門，海濱的何厝村有一個瞭望台，從望遠鏡中可以清晰地看到金門島的山石林木以及島上的一些軍人的行爲舉止。每天到這個瞭望台來瞭望的人數以千計，這當然都毫無什麼軍事上的偵察目的，完全是爲了寄托一種對祖國山河和骨肉同胞難以分割的相思。人們不禁要問，爲什麼一水之隔，一箭之遙，卻如同天壤。我常想到當時我從瞭望台走下來的心境，那時浮現在我面前的便是開元寺那古桑婆娑而威嚴的姿影，並由此而想到作家

高曉聲寫過的這樣一句話：「祖國是一棵大樹，它的主根在國內。炎黃子孫都是這株大樹的根鬚。它們之間有千絲萬縷的聯繫，是決然分不開的。」每年到大陸來尋根祭祖，與故人團聚的臺胞爲什麼那麼多，每年的媽祖廟會爲什麼吸引那麼多臺胞，那樣的摯著，不畏輾轉旅途之苦，爲的是什麼？他們不是來趕熱鬧的，而是大陸的四面八方寄托著他們的相思，連著心臟和血管的根是任何力量也割不斷的。開元寺的那株古桑不就是因爲根扎得深，才如此葳蕤繁茂嗎？即使遭到雷霆的猛然轟擊，也依然堅強地挺立著。不知少數企圖將臺灣和大陸分開、煞費苦心地鼓噪所謂「臺獨」的人們，看到過開元寺的這株古桑沒有，如果看到了這株古桑，不知他們是否留意了這株古桑深深扎入地下的龐大而深遠的根繫？自然界的萬事萬物，常常是可以給人類以許多聰明的。

　　時屬春節，我又想起了開元寺的千年古桑，我想它是我們許多人意念裡的一個象徵，於是我的心飛向了日月潭、阿里山。我眞想譜寫一曲泉州古桑吟，讓海峽兩岸同胞一起來携手演唱。

1992.2

雪地隨想

　　年年下雪，年年孩子們都會在雪地裡堆雪人作遊戲，然而雪給人的印象卻不盡相同。

　　又是一場大雪，山舞銀蛇，原馳臘象。大雪後的一個早晨我在雪地漫步，放眼望去，到處一片銀白，看不到一點雜質。恰在此時，一群小學生上學，他們一邊走一邊嬉鬧，紅撲撲的小臉比任何時候都要美麗。孩子們剛剛走過去，又有三三兩兩的年輕姑娘小伙子在雪地裡匆匆地行走，他們大約是趕去上班的，我雖然不認得他們，但他們給我的印象是比任何時候都要瀟洒都要英俊，他們的膚色他們的服飾比任何時候都要好看。我想這大約也是雪的原因。於是我腦袋裡出現一個問號，為什麼在茫茫無際尚未遭到踩踏的雪地裡，人會比平時更漂亮呢？原來雪是一個大的環境，雪造成了一種潔白無瑕的美好氛圍，人與這個美好的氛圍相溶滙，受到大氛圍的反襯，比平時更漂亮，也便可以理解了。當然人們追求的並不只是外在的美，心靈的美是更為寶貴的。由雪地得到啟示，人的心靈美，固然與個人修養密切相關，但在一種良好的社會氛圍裡生活，其作用也是不可低估的。

　　在有了雪地的第一印象之後，雪老是在腦子裡飛舞不停。和熟悉的人們談話時自然要議論雪，有人說，雪下得好，解除了曠日持久的冬旱，有益於今年的午季莊稼，可惜下遲了一點；也有人說，幸虧有個較長的暖冬，災民有較充裕的時間整修他們過多的房子和庵棚，不至於遭受風雪寒凍之苦，這場雪要是下早了，

就會有不少災民要受苦噢！看法雖然不同，議論的主旨卻是一樣
的，都是關注著國計民生，這從內心世界發出的聲音，在雪地裡
是那樣地扣人心弦，這聲音雖由眼前的雪而起，但它的發端，我
想卻要追溯到我們這個國家這個民族的傳統美德，追溯到我們源
遠流長的傳統文化，善良美好，晶瑩潔白如雪。又常聽人說，我
們的傳統美德正在淪喪，也還聽人說，傳統美德需要升華。但我
想，人類所創造的美好的東西是不會輕易給丟掉的，就像這雪白
的雪永不會改變顏色一樣。就在我們關注雪、議論雪的時候，新
聞媒介傳來了各級黨政負責同志踏雪赴災區慰問災民的情況，他
們走進一家家庵棚，問這問那，有了困難，及時解決，真正是將
民間疾苦掛在心頭。這也是雪地氛圍給予人們心靈更加美好的反
照。

1992.3

安徽，向外界說些什麼？

向外界說些什麼，是很有講究，也很有些技巧的。我的老家宿松流傳有這樣一個故事，說唐代時縣裡有位名士邀大詩人李白至宿松一遊，李白問宿松有什麼好的去處，答曰：有十里桃花、萬家酒店。酷愛名山大川自然勝景的「酒仙」一聽，立即到了宿松。原來十里桃花者，乃離城十里處有一桃園；萬家酒店者，乃一姓萬的在桃園邊上挑旗賣酒。大詩人到此之後雖感受了捉弄，卻又不得不欣賞友人的幽默──人家說得都對呀，況且宿松山水頗佳，所以眞的在此遊樂了些時日。有一天喝醉了酒，竟在松林裡高臥一夜──「宿松」也因此而得名。後來還有人說，李白贈汪倫那首詩裡寫的桃花潭不在涇縣，而在宿松城郊，留下了詩史上有爭議的話題之一。

這雖然是傳說，卻提醒人們向外界說些什麼，不是個小問題，它直接關係到如何塑造本地區本部門的形象，關係到本地區本部門的吸引力。我之所以想到這件事，是因爲常常聽到一些議論，說安徽經常向外界講的是災情如何嚴重，經濟如何薄弱，賣糧如何打白條，以至南方一名記者去年奉命到我省採訪災情時，將藥品、乾糧和其他日用品準備得令人想不到的那種細緻充足，好像眞是要到什麼「不毛之地」來一樣。但他到安徽轉了一圈之後，覺得安徽並不像傳說中那樣貧困可怕，深感外界對安徽的好處知之甚少。

向外界說安徽，到底說些什麼，又怎麼說呢？一句話，就是

要如數家珍，要形象具體生動，讓聽的人喜歡安徽，原意到安徽來走走看看，然後是願意幫安徽辦點什麼事。這裡的所謂「說」，不光是用嘴，還要用實際的行動，比如圍繞濰坊的風箏、吳橋的雜技、南滙的桃花，做出了一篇又一篇的好文章，眞是有聲有色。安徽的黃山怎麼樣，比起風箏、雜技、桃花來，我看是更有風彩、更有吸引力的！但可惜的是文章不一定做得有他們夠。這裡當然有多方面條件的制約，首先是沒有錢，以至圍繞黃山的交通服務體系老是形不成，老是不滿意，影響了黃山的開發開放，使這座「聚寶盆」還未能發揮應有的作用。但是，沒有錢可以想辦法呀，省內集資、國家投資、國際招標都可以，多管齊下總是能找到出路的！我們把黃山的現狀和遠景經常向外界說，關心黃山的人自然會多起來，黃山自然會更美好。當然，「黃山節」也辦過了，各國駐華使節和他們的夫人也到黃山遊覽觀光過，這僅僅是開始，應由此爲發端將黃山的美妙獨特之處毫無保留地向外界描述，要使這一名甲天下的瑰寶眞正成爲安徽的驕傲。

由黃山想到黃梅戲，一出新編《紅樓夢》在首都連演十七場，場場爆滿，黨和國家領導人贊揚不絕，眞是轟動京師、譽滿京師！黃梅戲也是天下所喜愛，安徽所獨有的。記得已故宋振庭同志當年在吉林培植開創吉劇時，就有人特別提出要吸收黃梅戲的優美唱腔，前些日子新聞媒介又傳來了臺灣也成立了黃梅戲劇團，更不用說《天仙配》《女駙馬》在港澳和世界其它各地的影響了。我們自己不要老是以爲黃梅戲還是「三打七唱」的玩藝兒，不要漫不經心，要賦予它現代意識，不要孤立地以爲它只不過是黃梅戲而已，要看好人們喜愛黃梅戲無比優美富有韻味的心理，發揮它的媒介傳導作用，在更大的範圍內唱出新篇。當年毛主席、周總理不就是用乒乓球打開了和美國的僵持局面嗎？「小球轉動大

球」的佳話是我們最好的範例。

　　此外，安徽還有許多有特點的事物，還有很多的優勢，應當想著法兒向外界介紹，不是自誇，更不是自吹，客觀存在原本如此，只是希望人們眞正了解安徽是個什麼樣子，對安徽產生興趣，以便集中更多的智慧更大的力量把安徽建設好。如果安徽給予外界的印象老是多災多難貧困落後，那麼吸引力何在啊！誰願到安徽來，誰又敢到安徽來投資開發啊！

1992.4

麻雀東南飛之後

　　麻雀本來是留鳥，生活要求也極普通，盡管它成天飛來飛去、嘰嘰喳喳，人們並不怎麼去注意它，甚至有些瞧不起它。「燕雀安知鴻鵠之志」，這麻雀就是燕雀一類，甚至比燕雀還低一個檔次。孔雀成群結隊東南飛之時，麻雀本來還沒有怎麼動心，因為孔雀有能耐，不僅羽毛漂亮無比，還有開屏的絕技，麻雀豈能望其項背。如今孔雀已飛得差不多了。又不斷從東南方向傳來令人振奮的信息，水土如何的豐美，人情如何的寬厚，覓食雖然不如想象中的那麼容易，但一旦覓到了，那便是美食。於是麻雀開始行動了，開始時是一兩只，三四只，慢慢地也成群結隊地向東南方向飛去了。

　　人們一早醒來，聽不到屋檐下嘰嘰喳喳的叫聲，看不到跳躍翻飛的鳥兒身影，猛然覺得生活中少了些什麼。孔雀沒有了，尚有麻雀作一點安慰，如今麻雀也留不住了，怎麼辦？

　　人類畢竟是萬物之靈，一合計，某公提出的「築巢引鳥」法立即被採用。於是人們行動起來了，先劃出一片一片的引鳥區，在區內可以築鳥巢的地方築了許多鳥巢，而且禁止喧嘩，以免鳥兒受到驚嚇，還投一些供鳥兒食用的食物。如此這般，人們以為鳥兒一定又會成群結隊地飛回來了。然而過了些時候，到引鳥區一看，來是來了，卻少得可憐，而且是幾只不知名的小鳥。人們百思不得其解，決計到引鳥區去問一下這幾只剛引來的鳥兒，為什麼我們提供了這麼好的條件，它的同類還不來，它們到底有什

麼要求？

　　人們到了引鳥區，雖擺出一副親切的面孔，但鳥兒一見到人走過來便遠遠地飛走了。最後還是那只麻雀，因爲是從這塊地方飛走又飛回來的，還有些舊情，大膽地講了它的想法：

　　到了南方之後，我曾問了幾只孔雀，爲什麼要飛走，孔雀說我們本也不想飛走的，故土難離啊，所以它們飛飛停停，眞叫「五里一徘徊」哩。然而在這裡人們想到的只是拔它們漂亮的羽毛去賣錢，使它們難得生息，它們一旦開屏，也被說成是好表現自己。它們也不想得到什麼豐厚的酬報，但希望有寬鬆的環境，如果一樣都得不到，只有一飛了事了。到了南方之後，我看它們是更加豐美了，它們開屏的光彩博得了不斷的喝彩，跟在這裡是大不一樣的。孔雀都待不住，我們還能留嗎，只得飛走。前些日子，聽說這裡又「築巢引鳥」了，它們又讓我先回來看看，主要是看看人們的面孔有沒有變化，因爲我們在這裡受的驚嚇太多了。這幾天，我看到你們確實親切和靄，我也放心了，不然我還要飛走的。只要眞的愛護我們，保護我們，我們是一定會回來的，不但我們麻雀，孔雀也會回來的。

　　聽了這一番話，人們猛有所悟，原來鳥兒是被嚇走的，「築巢引鳥」，第一位的是要使鳥兒有安全感，不受驚嚇。

1992.6

不遭人忌是庸才

　　友人的牆上掛有劉夜烽先生書寫的一副對聯：「能受天磨眞鐵漢，不遭人忌是庸才。」劉先生字寫得好，隸書兼有碑意，柔中寓剛，非常有骨力。更主要的是，這副聯語所闡發的哲理，令人眼前一亮，將人生的道路一下子拓寬了許多。

　　能受天磨，先經天磨，然後才能成大事，在我國典籍中有不少精闢論述，「天將降大任於斯人也，必先勞其筋骨，餓其體膚」，是最有名的幾句話，還有屈原先是如何如何的遭難，然後才有《離騷》，司馬遷先是遭到何等殘酷的刑罰，然後才寫出了《史記》。這些人物似乎天意安排，大難不死，後成大器，蒙上了一層神秘莫測的色彩。其實，說千道萬，無非是強調經驗和經歷對於成大事業者的重要，屈原如無放逐之苦，也便沒有披髮澤畔的長吟，也便沒有發自內心的那些憂國憂民的滿懷激情的章句；司馬遷遭腐刑，奇恥大辱，他想到過死，但他對死的觀點是，「人固有一死，或輕於鴻毛，或重於泰山」，所以他不輕易去死，他尊重自己的生命，在奇恥大辱、身心交瘁的苦難中，拋開一切恩怨所寫的《史記》，是毅力、韌性、生命的結晶，那樣的有光芒。一個人經過各種磨煉而成熟起來，然後做出常人不能做的事業來，這是實踐的結果，是唯物論的勝利。受磨難而終成大事者是否是上蒼的意志？這裡的偶然性難說清。但有一點可以認定，經過的磨難多，人的意志，處事的角度和能力，與沒有經過磨難的人相比，一定有極大的區別，說他們是鐵漢也是不爲過的。

　　如果說上聯所闡發的道理屬於常理，那麼下聯「不遭人忌是庸才」，則很有點反潮流精神了。「木秀于林，風必摧之」，「槍打出頭鳥」等等，都是教化中庸，免遭人忌的，這句話卻是鼓勵不怕人忌，鄙視不遭人忌的庸才。古往今來，多少優秀人才在讒言忌語中被埋沒、被扼殺!?唾沫淹死過多少人？然而，人們雖總結了教訓並感嘆唏噓過，但世間遭到嫉忌的人和事仍然層出不窮。從某種意義上說，正是在這形形色色的人忌中，歷史前進的步伐才那麼緩慢曲折。倘若所有有才華的人都能無所顧忌地把他們的才華奉獻出來，倘若所有有作為的人都不必警惕來自左的右的前的後的暗箭，人類將會和諧得多，社會將會明亮得多，歷史前進的步子也將會輕盈快捷得多。有識之士固然可以不去顧及別人如何評說，尤其是可以不去顧及那嫉言忌語、嫉行忌為，然而悲哀的是，長舌婦們，先告狀的惡人們，無所作為而獨具嫉忌心理的人們，常常得勢於一時，奈何！庸才耶，人才耶，能過得了嫉河忌海這一關的，才能真正稱之為鐵漢。改革開放需要大批人才，改革開放需要勇敢地面對嫉忌心理、嫉忌言論、嫉忌行為。雖其如此，事業才會有光輝。

1992.8

追求和諧

　　柔軟的春風，淅瀝的春雨，嫩葉輕輕地舒展、鮮花悄悄地綻開。多麼醉人的和諧……

　　我們曾經置身於這和諧之中，漫無邊際地討論著我們的未來。和諧，是我們生活的基調。它伴隨著我們，度過了無數個黃昏和黎明。

　　路燈迷濛，晚徑寧靜，我們漫步其間。當我們看到燈下的投影一會兒長一會兒短，目睹四時的更替，不免會感嘆造化的無窮。曹雪芹爲什麼把大觀園裡的四個女子分別命名爲元春、迎春、探春、惜春。原來曹先生是在惋惜一種逝去的和諧──春的和諧。其實，和諧不只是屬於春，和諧也同樣屬於夏、秋、冬，屬於生命的每一個時刻，綠荷、黃菊、丹楓、白雪都有各自深蘊的和諧韻致。只要你去追求，它便無時不有，無處不在，惋惜逝去的，不如追求未來的。如果你用全副精力去追求和諧，那些暫時的不和諧更會化爲煙雲，最終將會得到的便是珍貴的和諧。

1992.8

酒文化・酒令

　　前幾天，內弟送我一大罈黃酒，一不小心將罈子打碎了，頓時五十斤黃酒順樓梯奔湧而去，酒香四溢，彌漫滿樓。我實在懊喪，心想快要過春節了，罈子卻砸了，多跌彩頭。鄰居老太太出來勸慰我，說不妨事的。這叫「歲歲平安」呀！我沒領悟過來，她解釋說，罈子碎了，人卻平安，這不是「歲歲（碎）平安」麼？

　　一席話，充滿了文化的美好濃郁詩意，不由得你不點頭稱是。酒是奇妙的，酒文化更是奇妙的。自從酒誕生以來，與酒相關連演繹了多少浪漫曲折瀟洒悲壯乃至醜惡的故事。不過，酒香裡終歸是充滿著友誼，生活中到處都充滿著愛，便到處都有酒，「酒逢知己千杯少」，「以酒會友」比「以文會友」來得更普遍；因為喝酒的人超過寫文章的人不知多少，沒有酒生活便少了色彩。酒又是豪氣的象徵，「大膽文章潑命酒」，是說喝了酒以後可以壯膽增加勇力！古往今來，人類不分國度，不分種族地咏嘆酒，贊美酒，咒罵酒，愛酒怕酒，就這樣反反覆覆地與酒結了緣，禁也禁不絕的。

　　中國酒文化源遠流長，有許多關於酒的佳話，不過諸如鴻門宴、青梅煮酒論英雄、溫酒斬華雄、杯酒釋兵權之類，還有什麼擲杯為號等等，將酒與殺機聯繫在一起，卻使人望而生畏，與酒文化的要義似乎相去甚遠！將別人灌得爛醉如泥，然後或謀財、或竊密、或害命、或達到別的什麼不可告人的目的，則屬於以酒設謀的狡詐了。酒文化應當是激發智能機巧的，充滿友情的，輕

鬆熱烈的，所以將「斗酒詩百篇」稱為酒文化的典型沒有什麼疑義；即令是「把酒問青天」或「舉杯邀明月」，也是一種情緒的渲洩，人與大自然的交流，抒發某種情懷，境界美好高尚。酒需慢飲，需要助興，舊時代有叫局之說，時下則興陪酒女郎，其中都有許多低俗之態，不足稱道。能體現酒文化本義的莫過行酒令。酒令實際上是喝酒時的遊戲，多種多樣，足可以編一本洋洋灑灑的「酒令大觀」。唐人李商隱在《無題》中便寫了兩種酒令的形式，「隔座送鉤春酒暖」，相當於現在中小學生春遊時還玩的那種擊鼓傳花的遊戲，一聲令下，傳遞時停落在誰的手裡誰便喝酒，叫罰酒也行。「分曹射覆蠟燈紅」，則是喝酒時猜謎語了，猜不中罰一杯，也可猜中了獎一杯。《紅樓夢》裡寫了多種酒令，最有代表性的是史太君兩宴大觀園時的牙牌令，賈寶玉怡紅院夜宴群芳時的掣籤令。牙牌令不大易行，掣籤令則簡單明白，又頗有趣味，按某種程序抽一支籤子，該喝幾盅、該唱曲子、同席人要做些什麼都寫得清清楚楚，一一依令而行。那晚，史湘雲的運道好，她拿的籤子上寫著：「掣此籤者，不便飲酒，只令上下兩家各飲一杯。」樂得她拍手大笑，連稱：「真真好籤。」行酒令是雅事，熱鬧事，能獲滿座如春的效應，但弄得不好也會出現不歡而散的尷尬。傳說一縣官請州官喝酒，當地一富戶作陪。州官當時已告老離任，但平日對縣官有難為之處，開席不久，縣官即提議行酒令，需選一個有三點水的字，而且有三點水和沒三點水讀音一樣，去掉三點水後加另一偏旁形成另一個字，再用這個字作結說一句俗語。縣官喝一杯酒先說：「有水是溪，無水也是奚，去掉溪邊水，加鳥變成雞；得勝貓兒雄似虎，鳳凰落毛不如雞。」州官一聽是衝自己來的，毫不相讓，隨口說道：「有水是淇，無水也是其，去掉淇邊水，加欠變成欺；龍游淺灘遭蝦戲，虎落平

原被犬欺。」縣官挨了罵，被罵成是犬，討了個沒趣。輪到富戶了，他一見兩人在鬥法，心想都惹不起，說道：「有水是湘，無水也是相，去掉湘邊水，加雨變成霜；各人自掃門前雪，莫管他人瓦上霜。」說完端起自己席上的酒，一飲而盡，便說自己有急事告退了。這樣的場面，雖說有酒令，也不能說算得上優美的酒文化，以酒弄點什麼小機巧，總是效果不佳。

喜酒不醉人，春酒也不醉人，家家都備了美酒佳肴。我內弟得知那罈五十斤黃酒打碎了，又輾轉給送來一罈。有的朋友說酒文化是迷幻的、非理智的，可備一說，但不盡然，如果過了量，家人朋友便都不樂意。當然「革命小酒天天醉」之類是不能稱之爲酒文化的。我是贊成《三國演義》裡的一句話：「酒能誤事，酒能醒事。」合家團聚，歡樂爲上，一時想不到好的酒令，「大西瓜，小西瓜」也行，猜火柴棒也行，打老虎杠子也行，你說一句我說一句，老少咸宜，誰說得慢了，誰說岔了嘴，誰喝一杯，不亦樂乎！

1993.1

春風不常在

　　春日融融，我又想起了春節時自擬的一副對聯：「日月堪長久，春風不常在。」但這副對聯終未寫出來貼到門上去，原因是當時我誦讀之後，立即遭到了反對，說不吉祥不吉利云云。但我至今認為這副聯語所表達的旨意是很得體的。

　　「春風不度玉門關」，是古往今來吟誦不衰的名句，可見春風對人們的精神、生活等等各方面影響之深。春花開了、春草綠了、春山的秀色、春水的碧波，給人們帶來何等的歡欣和愉悅，讓人們由此而寫出了多少名章佳句。「春種一粒籽，秋收萬顆糧」，春風春雨春光，給農人帶來了一年生計的希望。所以世界上有許多人由衷地讚美春天，希望春光永駐。

　　然而時序在不斷更替，地球在不斷運轉，春光是不能永駐的，一年一度而已，所以我講「春風不常在」是客觀自然規律的反映，最堪長久的只是日月。

　　我擬那副聯語的意思倒不在唱什麼對台戲，也不在什麼別出心裁，而是想說明，雖然「春風明月不用一錢」，但卻告訴人們：這是一種機遇，千萬不可錯過，機遇對於人們來說也像春風一樣緊要，機遇來了便要抓住，稍縱即逝，雖然下一次還有別的機遇，但下一次是下一次，這一次放過了就不會再來了。改革開放給我們提供的各種機遇，都像春風一樣，無限溫馨美好，有的人抓住了，改變了自己的命運；有的人放過了依然故我，只能面對春光徒興感嘆而已。現在不少人不是在忙「下海」嗎？「下海」也是

為人們提供的機遇，「下海」的人有的捧回累累碩果，但也有兩手空空甚至嗆了滿嘴苦澀的海水的，情況各別，不能一概而論，但沒有放過這一次機遇則是一致的，只不過是抓住還是沒有抓住，抓得好還是抓得不太好而已，這比面對機遇無動於衷要強得多，下海人不愧為春風的使者。我們不是經常提倡開拓創新嗎？開拓創新也就是要抓住每一次機遇。

　　我很奇怪的是，為什麼我擬的這一副聯語沒有得到認同，可見說真話之難，無論在上層在民間都不易，而吉利話漂亮話恭維話，總是能討好的，大家都祝願「春光永駐」，能否真的如此呢？美好願望罷了。自然界的春光尚且每年只有一季，擴大了引申了的春風春光又有多少降臨到你的身旁，那是難以說清的，所以千萬不要錯過！

1993.3

怕見新錢

　　近幾年來，我萌生了一個強烈的念頭：怕見新錢。每當從會計室領工資拿的是一疊子新錢，便會心驚肉跳，有時還會神情緊張得冒出汗來；倘若是拿的一疊舊錢，即使明知那錢經過了千萬人之手，可能會帶有這樣的病毒或那樣的病菌，也會心地坦然的，病毒和病菌雖然會給人體帶來危害，只要小心預防也就沒有什麼問題了。

　　怕見新錢，不是因爲我不愛錢或我的新錢已經很多了，也不是因我與新錢有什麼特殊的經歷而得了恐懼症。我的日子雖過得去，但並不富裕，希望屬於個人的錢多一些。但每當我目睹那些齊唰唰的連號新錢流進商店的柜台或送出銀行的窗口，心裡便深深地不安起來，因爲我鮮明地意識到那些新錢決非吉祥之兆。我不在經濟部門工作，更不是銀行家，並不知道鈔票印刷廠每年印製多少新錢，更不知道國家銀行每年要將多少新錢投放社會；但日常生活和市場行情告訴我，老鱉、螃蟹、香煙、酒宴……它們的身價之所以一高再高，而且高得莫名其妙，蓋來源於新錢嘩嘩地流了出來。新錢缺少必要控制地流出，使得一部分商品脫離本身的價值而無端地價格飛漲，令人不得不害怕。

　　怕見新錢的另一個原因，是相當多的一些人主要是農民，見不到錢，他們只能見到白條子或綠條子。中國十一億多人口，八億多是農民，國庫大量投放於社會的錢，絕大部份人卻見不到，錢到哪裡去了，修鐵路、建工廠、上各種各樣的項目，這當然要

花許多錢，但也的確有不少的錢，集中於少數人的手中，十萬元戶百萬元戶不必說，擁有千萬元甚至上億元的富翁富婆已然在中國大地上產生了，少數人先富起來當然並非壞事，但另一大部分人的勞動價值不能得以公平地實現，卻不能說是好事。農產品的價格已經非常的不合理，一斤小麥抵不上一根紅塔山香煙，令農民十分沮喪。經濟學家早就對工農業產品的剪刀差問題提出過忠告，然而剪刀差不僅未縮小，反而更快地加大；即令那低得不能再低的價格都不能實現，種田還有什麼勁，農民發出「種田不如討飯」的呼喊，眞讓人痛徹心脾。過大的剪刀差問題，使新錢的流向不那麼準確，流不到農民的手裡，他們望錢興嘆，手中並沒有多少錢，小康何日得以實現！

　　怕見新錢，最怕的是錢能通神。近些日子我常常想到莎士比亞的名劇《雅典的泰門》中關於金錢的一段獨白：「金子！黃黃的，發光的，寶貴的金子！只這一點點兒，就可以使黑的變成白的，醜的變成美的，錯的變成對的，卑賤變成尊貴，老人變成少年，懦夫變成勇士……」金錢的作用是巨大的，但到了通神的程度，它的正常功能也便扭曲了。如果有很多錢沒按它應有的科學規律從國家銀行湧至社會，而湧入社會之後又使一些拜金主義者們神魂顛倒、鬼使神差起來，那公理和正義還有何地位呢？

1993.4

錢的歸宿

　　這個題目一出，有人便說我是傻冒，有錢便花、便快活、便享受，該怎麼著便怎麼辦，還考慮什麼歸宿不歸宿？

　　然而，錢是有它的應有歸宿的。古往今來，錢的名聲不太好，「有錢能使鬼推磨」、「錢能通神」、「銅臭薰人」等等，挨罵挨損挨貶的份兒不少，所以「君子不言錢」，以為錢是什麼沾不得的壞東西。其實，錢是蒙了冤枉是背了黑鍋的。錢一出現，便以它等價物間相互交換媒介的特有功能，為人世間提供了許多方便，任何人都離不開它，功莫大焉！錢之所以挨罵之所以名聲不好，蓋因握有錢袋的人，將錢使在了不該使的地方，歸宿不正，如西人莎士比亞所說，錢的魔力可使「醜的變成美的，錯的變成對的。」如中國一千多年前的魯褒在《錢神記》中所說：「錢之所在，危可使安，死可使活；錢之所去，貴可使賤，生可使殺。」說句公道話，「銅臭薰人」並非錢本身真的有什麼臭味，發出臭味的全在於人。

　　過慣了窮日子的中國人，如今不再安貧樂道，躁動起來，奔忙起來，想錢、談錢、掙錢，錢成了熱門話題，一反「口不言錢」而「無口不言錢」，錢也真的多起來了。錢多是好事，拿了錢去做什麼，錢的歸宿問題也越來越嚴肅地提出來了。中國人早在製作錢幣和發明錢字的時候，便想到了錢的歸宿，古錢幣內方外圓，沒有規矩不成方圓，說明花錢要有規矩，如果沒有規矩，便會出亂子，就要引起爭鬥，「錢」字不是一個「金」旁加兩個「戈」

字嗎，爲了錢，爲了爭奪利益或維護各自的利益，不得不兵刃相向，可了不得呀！

拜金主義的一個特點是，不擇手段地把錢弄到手，又隨心所欲地揮金如土，將錢大把大把地花在了那些見不得天日的骯髒地方，撈錢花花都不講規矩。當衆將一疊子一疊子幾千元一炬燒掉，讓錢化爲灰燼，十幾萬元幾十萬元請吃一頓飯，一萬多元幾萬元竟買一條狗等等，自是擺譜、鬥富、鬥豪的淺薄江湖作爲，很有些二桿子氣，拿了大把的錢去聚賭、嫖娼、買官或買通關節搞權錢交易，古往今來更是遭鄙視、被詛咒、被懲罰，但仍有人樂此不疲，錢也因此而確實有些臭。

錢的歸宿到底應當如何，有人說錢要花在刀刃上，有人說要仗義疏財，有人說錢財如糞土。刀刃在哪裡，何謂仗義疏財，自是見仁見智各有不同。在世人感喟物欲橫流的當今，清醒瀟洒地對待錢，使錢得其所，使金子發出它真正閃耀的光輝者，仍不乏其例：

一、一九九一年公安部爲在延安時期被錯誤處決的著名作家王實味平反後，派員携一萬元慰問金去拜訪王實味的夫人八十多歲的劉瑩。劉瑩老人先是執意不收，在苦苦相勸接收後即鄭重地對她的兒子說：這是你父親蒙冤五十年的代價，我們一分錢也不能花，捐給國家，支援建設。此後她兒子連日奔波找了好幾家企業，要把這筆錢捐贈出去，但廠長們都不忍心接受，最後老人想到了關心過她一家的湖北省十堰市作家協會，將這筆錢交給了他們作爲文學獎勵基金。

二、安徽無爲縣鶴毛鄉青年婦女汪萍得知丈夫在婚前欠信用社六千元，立即勸說丈夫一起去上海打工，三年來他倆艱苦備嘗、省吃儉用，將攢下的六千元本金一次還清，時隔不久又將三千五

百多元利息郵滙至信用社。汪萍所信守的是「欠債當還，天經地義」，要對得起信用社。

　　三、國家機械部離休幹部七十九歲的張福厚，每月和老伴的離休金加在一起四百三十多元，每當領回津貼，他便和老伴將錢二一添作五分作兩份，然後分別嚴格管理，老伴的的那一份爲老兩口日常生活開支，張福厚掌管的那一份，他稱爲「放飛費」，每天他都到北京的鳥市轉轉，專揀那些病弱的鳥和珍禽異鳥買回，然後放歸大自然，張福厚已花去「放飛費」三千多元。如此等等，還有許多自願投資幫助家庭有困難的中小學生完成學業的人。

　　上述這些例子，都不是什麼「大款」、「大萬」（時下稱之爲「大腕」者實爲「大萬」，趙忠祥說比手勁兒麼，有錢的都手勁兒大麼）人物，但他們對於錢的態度，卻洒脫自如，比某些腰纏萬貫一擲千金者要高明不知多少倍，錢的歸宿擺正了，錢的意義也便眞正體現出來了，劉瑩、汪萍、張福厚他們的錢都不多，但他們又的確是眞正有錢的人。

1993.8

我說瀟洒

　　自從歌星高唱「何不瀟洒走一回」之後，滿世界便你也瀟洒我也瀟洒他也瀟洒，瀟洒便真的像雨點一樣遍地皆是。

　　到底何謂瀟洒，有人以為隨心所欲地進入舞廳酒肆，大把大把地花票子，是「千金散盡還復來」的瀟洒；有人以為遊覽名山大川、走遍世界風光勝地，是「我欲因之夢寥廓」的瀟洒；有人以為每天花上幾個小時，描眉點唇、巧施粉黛，是「愛美之心，人皆有之」的瀟洒；還有人以為男女無防，朝三暮四，想怎麼幹便怎麼幹，是「人性復歸」的瀟洒……，如此等等，瀟洒被解釋得異彩紛呈、迷幻不定。

　　依我看，守財奴算不上瀟洒，足不出戶算不上瀟洒，衣冠不整算不上瀟洒，屈服於封建傳統禮教也算不上瀟洒。然而，瀟洒又的確很難用一句兩句話來界定，但我想，瀟洒是一種風度一種氣質，是對美好對文明的追求，對人對己對事，不郁郁於心，不耿耿於心懷，不戚戚於自我，內心解脫能力強，內心調控能力強，需柔則柔，需剛則剛，剛柔并濟，該是瀟洒的基本水準。如果要用一句話來概括瀟洒，我要說的是：自我的輕鬆愉快與他人的輕鬆愉快俱在。

　　願諸君真正地瀟洒！

1993.11

「以文易文」之樂

友人日前告訴我，書店來了《梁實秋散文》，我便急匆匆地趕了去。四冊一套，中國廣播電視出版社新近出版，裝幀設計甚是精美大方，每套二十五元。我將《梁實秋散文》拿到手，又看到了書架上陳列著的《林語堂文選》，上下集兩冊，也是中國廣播電視出版社出版，版式亦很考究，定價十五元多。我沒有什麼猶豫，立刻將剛剛收到的兩篇短文的稿費共四十餘元付了去，夾起書便要走路。這回柜台女營業員很客氣，禮貌地替我將六大本書緊緊地用尼龍繩捆紮整齊，給了我許多的攜帶方便。

回來的路上，為買到這兩套書我心裡很是高興，不過又立即想到，書價的確漲了不少，如果從每月百多元工資中一下子拿出四十多元錢來賣書，怕是要費一番躊躇的，好在還有一點豆腐乾式的短文稿費收入，好在還沒有淪入要靠微薄的稿費收入補貼生計的困境，所以每每也便可以領略這跑書店之樂了，我將這用稿費買書之樂，稱之為「以文易文」之樂。

梁先生和林先生的文章，我讀得並不多，只是深深地記得這兩位先生曾遭到過魯迅先生的撻伐和嘲弄，近年來才漸漸地接觸他們的作品：林先生的《京華烟雲》和《中國人》，梁先生的隨筆《雅舍小品》。《京華烟雲》早就編了電視連續劇演播，觀眾是願意看下去的；梁先生的隨筆，那風采格調的確使人愛不釋手，冰心老人將它譽為至臻，想來並無溢美之意。經過幾十年時日的淘洗，梁、林先生文章寫得好，這一點怕是文化人中沒有什麼異

議了。魯迅先生當年爲什麼指責他們？想來是當時的時代環境使然，人們是尊重魯迅的。魯迅自有魯迅的道理。然而，幾十年過去了，我們又出梁、林先生的書，又讀他們的文章，而且津津有味，如果將這算爲文化現象，也是很可思索的。我只想到了一點，中國的文化人向有文人氣，追求閑適情調，梁、林先生皆然。而中國的國情又是那樣的不閑適，列強入侵，軍閥混戰，民不聊生，怎麼閑適得起來？魯迅要冒火，自屬理所當然。時下，我們並不能說已可閑適了，但畢竟穩定安祥，所以有興致重睹梁、林先生文章的閑適風采。就這一點看，梁、林先生的心氣，與絕大多數國人是相通的，只是他們生不出時代風雲的筆底波瀾來。

1990.11

給牛拜年

　　給牛拜個年，是我的宿願，並非因爲今年是農曆牛年便要寫一篇牛的文章來趕時髦。

　　牛是人類的朋友，也是我的朋友，我家原本沒有牛，解放後家境略有好轉，我父親深感莊稼人無牛的苦處，便七拼八湊買了一頭水牛。於是我小時候便一邊上學一邊放牛，躺在牛背上穿過草地蹚過溝渠，在開滿野花的田間小路上，看藍天白雲、看月亮星星，任沙沙的雨點打在蓑衣斗笠上，雖然沒有什麼牧笛橫吹的情趣，但至今回憶起來，仍有說不盡的溫馨。

　　我家那頭牛，個頭不大，我曾無數次目睹牠勞作的情景，犁地、拉車無不竭盡全力。每年換茬，爲了趕節氣，人苦牛更苦，常常白日拉車，夜晚犁地。那時天氣熱、蚊蟲多，牛累得喘息不止，口吐白沫，有時舌頭也伸了出來，但它不焦不躁地一步一步地奮力前行，那情景雖讓我的父親不勝痛惜，但給予牛的酬勞也只是炒一點大粒鹽加黃豆讓牠吃下去而已。我們家鄉有一種特製的很大的適於沙洲平地使用的牛車，兩個車輪的直徑皆有一米五六，每當收割季節，即用牛車拉莊稼、小麥、黃豆、玉米等，都是連禾稈拉回家，所以牛車上裝得像座小山。因爲裝得多，份量重，即令天氣乾爽，車道平整，拉起來已很費力，牛車在負重行進中發出的磨擦聲吱吱呀呀，響亮而尖銳；如遇溝坎泥濘，兩個車輪子陷了進去，牛便苦了。我不只一次目睹過水牛全身肌肉緊縮，尾巴夾在胯下，四蹄奮力向前，乃至跪著爬坡的拼搏情景。

牛對於人的奉獻堪稱全力以赴！正因爲如此，我們熱情贊揚「老黃牛精神」。我之所以要給牛拜個年，也正是對這種拼搏、奉獻、腳踏實地、從不索取的精神的崇敬。

不知從何時起，「老黃牛精神」遭到了鄙薄和輕視，以爲那便是「古板不開化」，是「老牛拉破車」不適應新潮流，因而成不了大氣候。然而牛依然是牛，依然在默默地勞作耕耘，依然吃的是草、擠出的是牛奶和血。不過，當人們爲五彩繽紛的社會現實所興奮、所刺激、所困擾、所憂慮的時候，又自然而然地想到了牛，又在追思那種腳踏實地、埋頭苦幹、任勞任怨、終生奉獻、不求索取的老黃牛精神。從遠古至今，那一片一片的荒山泥沼，原本不能種莊稼，由於人和牛的不懈開拓，荒地成了良田，禿嶺成了糧倉，長出了穀粟豆麥瓜果蔬菜供人類享用，造福無窮。美國的西部開發，我國北大荒的開發，深圳特區的開發，都離不開這種開拓精神。所以，現代化的城市深圳特意鑄造一個很大的拓荒牛，放置在市委大院的中央，以弘揚這種精神。

牛是人類忠實的朋友，勞動的伙伴。更重要的是，社會的進步，精神財富和物質財富的創造，則任何時候都不可缺少苦幹實幹精神。巧幹當然可以事半功倍，但巧幹的前提和基礎必定是苦幹實幹。幹事業尤需要一股牛勁，認定於國於民於社會有利的事，就要百折不撓地幹下去，遇到挫折和失敗也不灰心；世上許多事情，正是因爲有一股牛勁有一股牛的精神才幹成的。

牛的日子一向清苦，春天夏天吃青草，冬天吃乾草，加點麥麩、炒鹽、豆餅便爲奢侈了，天熱在水裡打個汪，蚊子多用薰一薰，如此而已。它是將力氣，以至骨肉皮角都奉獻給了人類的無私奉獻者。

正因牛有這許多長處，所以歷朝歷代文人用詩歌來詠嘆牛，

用畫筆來描繪牛。「耕犁千畝實千箱，力盡筋疲誰復傷，但願衆生皆得飽，不辭羸病臥殘陽」，是對牛的極好寫照；唐代大畫家戴嵩畢生畫牛，「曲盡筋骨野性之妙」；魯迅先生則宣稱他「俯首甘爲孺子牛」。在印度和尼泊爾，牛被尊爲「聖牛」和「國獸」，受到人民的頂禮膜拜。

　　我的家鄉有個習俗，過春節貼春聯的同時，也在牛的犄角上貼一個紅閃閃的紙條，讓牛和人同賀新春，是農家給牛拜年。我寫這篇短文，題中之義也是如此。

1997.2

鳳陽是個大手筆

每當我踏上鳳陽的土地，都會湧起一種別樣的感情，鳳陽的臨淮關有我的半個家。臨淮關是鳳陽的第一大鎮，淮河上的三大關之一，古老而繁華，聽鎮上的老人們說，早年間人們從臨淮關拉出一根又粗又長的繩子，跨過一箭之遙的淮河，延伸到對岸五河縣的臨北鎮，過往船只要從這裡通過，都得交納一定的稅金，不然這根繩子便不放行，如同如今公路上設的汽車收費站卡一樣。無論北風呼嘯，也無論烈日驕陽，一根又粗又長的繩子始終橫跨淮河而蕩蕩悠悠，這辦法雖然古老而原始，但卻不乏豪邁而氣派，應該說比如今常常掛在嘴頭上的那根纖夫的繩子更具有淮河的性格。那根又粗又長的繩子，那繩子跨越淮河的景象，我都不曾見過，但我一到臨淮關，一到淮河邊上看渾濁的河水滾滾而下，看落日映在河面上的恢宏一片，我的眼前便幻化出那根繩子，便鮮明地看到了鳳陽人那種粗獷而豪邁的風貌。

當然，臨淮關還有它古老的童話，濠水穿過臨淮關注入淮河。穿街而過，自然要造一座橋，那便是濠梁。兩千三百多年之前，莊子游於濠梁，和惠子在一起發表了那篇「鰷魚出游從容，是魚之樂也」的有名談話。莊子當年雖有過煌煌大著《逍遙遊》，但時過境遷，他怎麼也不能領略現代鳳陽臨淮關濠梁人的風采氣魄了。

說到鳳陽人的氣魄，很自然地想到了由乞丐而當了皇帝的朱元璋，鳳陽人常常引以自豪，以為是鳳陽的大手筆。

　　鳳陽人很清楚，朱元璋由乞丐而當了皇帝，他給鳳陽所帶來的也只是那古老而淒怨的《鳳陽花鼓》所演唱的那樣：「自從出了朱皇帝，十年便有九年荒」，民不聊生，逃荒要飯。然而，鳳陽人仍然要紀念這位皇帝，隔一年便要開一次全國性的明史研討會和朱元璋研討會，這自然不是發思古之幽情，而是看重於朱皇帝那種敢於改變自己，敢於改天換地的大手筆精神。

　　這種大手筆精神到了當代，果然書寫出了無比壯麗的篇章，那便是小崗村18個農民的18顆鮮紅的手印，那是18顆跳動著的鳳陽人的心哪！這18顆鮮紅的手印已鮮明地印在了中華民旅新長征的旗幟之上，已珍藏於中國歷史博物館內。它是我們民族的真正無與倫比的財富！因爲由這18顆手印所引出的農村「大包乾」，改變了整個中國農民的命運。前不久又一次到鳳陽，正值「大包乾」20周年，又是香港回歸倒計時的日子，我們談論的話題很自然地把這兩件事聯繫在一起。恰巧我們又和韓德彩將軍第一次相聚。他是鳳陽小溪河小韓莊人，空軍中將，原南京軍區空軍副司令員。他說，香港回歸是歷史的必然，總設計師小平同志一語定鼎，咱鳳陽人也是做了大貢獻的，沒有「大包乾」，沒有中國農村面貌的大改變，沒有改革開放，沒有國力的極大增強，沒有在國際上威望地位的提高，香港的回歸哪能如此順利呢？韓將軍言簡意賅，他說的是鳳陽人的心聲。和韓德彩將軍相遇，也是一種機緣，他是一位富有傳奇色彩的人物，65歲了，依然虎虎生氣，渾身煥發著軍人的剛毅。他是地道的鳳陽農家子弟，在牛背上度過了他的童年，沒有上過學，他在抗美援朝的朝鮮戰場上，叱咤藍天，擊落敵機5架，曾活捉美國的「雙料王牌飛行員」哈洛德・費歇爾・愛德華，他和空軍英雄張積慧是齊名的。老將軍不大願意談及他的藍天往事，他只談他的鳳陽之情，他說他走到哪裡

都想到他的家，他說他寫過一副對聯「爲國巡天數十載，情系鳳陽小韓莊」，他說鳳陽這塊土地有一股氣，正是這股氣鼓勵他終生奮鬥。放牛娃、空軍英雄、將軍，這只是韓德彩的一部分；當他將江蘇美術出版社1995年爲他出版的《韓德彩書法集》展示在我們面前時，不得不爲之震驚。打開這本書法集，軍旅之風、將軍豪氣撲面而至，鐵划銀鈎、蒼茫氣象，使人想到了公孫大娘舞劍器那樣一種寒光閃閃的場面，握放牛鞭之手，握槍杆之手，駕駛飛機直上藍天之手，又是揮毫潑墨之手，其間的艱難困苦、恒心毅力，眞可謂無以言狀，「天行健，君子以自強不息」，這不正是鳳陽大手筆的寫照麼！由18個鮮紅的手印，由韓德彩，我還想到了那個葦席大王陳興漢，還想到了武學剛武學歡兄弟在劉府經營的那個好生了得的拆車場，還想到了那位女能人高明珍的畜禽加工行業……他們都是從鳳陽山走出來的，這眞是一片藏龍臥虎之地。

　　鳳陽的確是個大手筆，這個大手筆便是千千萬萬鳳陽人，這個大手筆描繪的不僅有鳳畫般的細膩，更有大寫意的豪放，還有永遠描繪不盡的鳳陽的明天！

1997.7

薺菜・藜蒿・馬蘭頭

　　薺菜、藜蒿、馬蘭頭，是我所熟悉的。很小的時候我就在田邊地頭挖過這幾種野菜，無從領略采薇之類的雅趣，也無數次地食用過，但缺油少鹽，煮出來也很不好吃，更沒有留下什麼美味的記憶。野菜除上述三種外，還有一種俗名叫米藤根的接觸最多，開一種白色的像牽牛花那樣的花，根很長、白色，大約因此而得名，大都生長在麥地裡。把它挖回來，洗淨、晒乾、揉碎，摻和在少量的大米裡煮成稀飯，吃起來粗糙難咽，但可充飢。只是到了後來上了學，讀到了「春在溪頭薺菜花」、「山肴野蔌雜然而陳前者」那樣的優美文句，聽老人們說「正月藜、二月蒿、三月砍來作柴燒」那樣形象的民諺，並且漸漸地和這些野菜離得遠了，才覺得它們很有些親切可愛。米藤根是多年不見了，至於薺菜、藜蒿、馬蘭頭，如今已成為城裡大受歡迎的席上之珍，這也恐怕為許多中國人所始料不及。

　　薺菜、藜蒿、馬蘭頭的變遷，說明中國人的物質生活豐富了，許多城裡人脂肪撮入過量，需要用粗纖維的野菜來換換口味，幫助清理腸胃。這自然不能說不是好事。但是我也想到我的老家農村流傳的一則俗語：富人在春天青黃不接時看到窮苦農民漫山遍野挖野菜，也差僕人弄點來嘗嘗。僕人花了許多功夫揀好洗淨，如同大觀園裡燒油悶茄子那樣放了許多香油佐料烹製而成，富人吃了之後胃口大開，備加讚賞，然後慨嘆曰：原來是如此美味，難怪窮鬼們爭相而食。

　　不知現在城裡的那些將薺菜、藜蒿、馬蘭頭視為席上之珍的人們，是否想到過我們這個國家底子還較薄，還有許多農民沒有脫貧，還有許多農村孩子只能在透風漏雨的教室裡，趴在泥疊的課桌上聽老師講課，還在過艱苦日子。有滋有味地品嘗薺菜、藜蒿、馬蘭頭之餘，該不至於像那糊塗皇帝那樣，面對尚未脫貧的人們發出「何不食肉糜」那樣的夢囈吧。

1997.3

蘇州三趣

　　蘇州是令人嚮往的，上有天堂，下有蘇杭，去了一趟蘇州，果然有許多值得回憶的趣事，這裡只講三件，所以題爲《蘇州三趣》。

　　去蘇州當然不能不去寒山寺，領略一番張繼那首名詩的意境，聽聽那渾厚悠遠的鐘聲，再考察一下何謂「江楓漁火」，那自然是很雅致的。一進寒山寺，鐘聲便一聲一聲地不絕於耳，頻率太高了，也便感覺不到它的悠遠，據說撞一下鐘便可以給人帶來吉祥，這當然是一種祈願和祝福。但既然到了寺內，若不去那鐘樓上動手撞一下那古老的有些神聖的大鐘，便會感到若有所失，所以誰也不願錯過這個機會，於是這大鐘便從早到晚，一息也不得停歇地爲世人所撞擊。聽介紹，日本的一些遊人是專爲到寒山寺來撞一下鐘才到蘇州來的，所以份外地虔誠。這樣也就爲本來清貧的佛寺帶來了一個創收的契機，買票登樓撞鐘，天經地義，好在票價不高，每票三元，物價管理部門不會來過問的，遊人也不至於掏不起，但作爲寒山寺一項收入，每天從開門到關門便有三元三元地不斷地投入票箱，那便很可觀的了。這又使我想起文化的價值，若沒有張繼的那「夜半鐘聲到客船」七個字，誰還會知道有這個鐘誰還會來撞這個鐘呢？寒山寺哪來的源源不斷的三元三元的收入呢？所以那首《楓橋夜泊》，那七個字，何止一字千金，眞可謂價值連城了。這鐘這鐘聲讓人們又一次看到了文化是無價之寶。撞過了鐘，走出嘈雜的廟堂，自然要品味一下「江楓

漁火」。過去論家的解釋都有些含糊，以爲「江楓」一句是引申了的秋色秋意，襯托離人的離愁，作爲詩這樣去理解，當然也是可以的。但到實地一看，便會有些新的認識，離楓橋不遠處，大約200米外，還有一座橋，我請教一位當地的老人，那座橋是什麼橋，他笑笑說，年代也久了，沒定準叫什麼橋，也有人稱江橋的。我晃然大悟，所謂「江楓」者，江橋楓橋是也，楓橋之下泊有小漁船，江橋之下也泊有小漁船，秋色甚濃，秋霜滿地，漁火相向，所謂「對愁眠」的「對」字不是便有了著落麼！常常吟誦張繼的這首詩，常感這個「對」字捉摸不定，這次來寒山寺，總算有了一些新的意會，雖然不一定準確，但也感到很有意思。此乃一趣。

留園是蘇州名園，不可不去的，我不懂園林建築，卻對庭園幽深的意境贊嘆不已。然而留園給我留下的並非庭院，卻是庭院裡的一副聯語，上聯曰：「讀書取正，讀易取變，讀騷取幽，讀莊取達，讀漢文取堅，最有味卷中歲月」，下聯曰：「與菊同野，與梅同疏，與蓮同潔，與蘭同芳，與海棠同韻，定自稱花裡神仙」。這副聯語是清同治江蘇的一位狀元公陸潤庠所撰，工整而雅致，是聯語中的上乘之作。概括起來，上聯可謂「讀書取義」，下聯可謂「與花爲友」。讀書的人很多，並非人人讀過書之後都能取義，在當今社會讀書也常常受到衝擊，「讀書無用論」常以不同的面目衝擊讀書的人，衝擊力最大的當然是錢，加之多種多樣包裝精美的書很多，讓人眼花繚亂，無所適從，書價也昂貴得很，各種盜印本迭出，更讓人不知讀什麼書爲好，有時好不容易挑了一本書來讀，沒讀幾頁便覺得雲天霧地不知所云了，如果碰上了盜印本，一句話裡便有兩三個錯別字，只有自認晦氣的份兒，這書還怎麼讀得下去？所以有人說，別看那些書包裝華美艷麗，還

是過去讀過的中外名著有價值，翻出來再讀一遍，必有新的收獲，
如同交朋友，別看那些新面孔笑容可掬，和你打得火熱，稱兄道
弟，但稍一不慎，便會上當，還是那些相處幾十年互摸底細的知
交故舊可親可靠。這話雖然不無道理，但讀書人又渴求知識更新，
希望從新出版的書籍中得到新的收穫，真是為難得很，如之奈何？
「讀書取義」的的確是一件難事。那麼，「與花為友」就容易麼？
亦非如此。種種花，養養鳥，自然是一件樂事，但能「與蓮同潔，
與蘭同芳」者能有幾人，「梅妻鶴子」的林和靖自然痴得可愛，
他的「疏影橫斜水清淺，暗香浮動月黃昏」的吟唱則更加動人，
他是堪稱與花為友、花裡神仙的人，相比之下，黛玉葬花的那種
情調就有些過於淒惋哀傷了，還是杜甫的「感時花濺淚」在哀傷
中透出了壯美，陸游的「猶有香如故」則高標一格，使人得到激
勵、產生聯想。花呀草呀，精彩紛呈人們大都是喜愛的，養花養
草養鳥，能夠美化環境，陶冶心境也便很可以了，不必也不可能
人人都達到蓮潔蘭芳海棠韻的那麼高的境界，但去當花下混客也
斷然不可，那可是要犯法的。我在陸潤庠的這副聯語前足足流連
了30分鐘，思維的脈絡忽遠忽近忽虛忽實地作了一次漫遊，自以
為是一種享受，此乃二趣。

　　作了一番遊覽之後，便有朋友請吃飯，席間頻頻介紹蘇州菜。
說實在話我對蘇州偏於甜淡的風味並不太習慣，出於禮貌，我只
是不管主人說什麼都胡亂地點頭。酒過三巡之後，上了一道東坡
肉，主人熱情的請每個客人品嘗，然後還逐一徵求品評意見。輪
到我了，我不加思索地清晰地脫口念道：「蘇州大菜東坡肉，不
及夫人小紅燒」，席間先是愣了片刻，然後便有人鼓掌稱道，說
我講得好，再便是放下東坡肉不吃，要我介紹夫人的小紅燒了，
其實關於小紅繞我也說不清楚，於是賣關子「祖傳手藝，不可外

傳」。不想席間的戲言傳到合肥，便不斷有朋友到我家點吃紅燒肉，說也奇怪，紅燒肉凡出自我夫人之手，便一掃而空，北京的一位親戚的兒子上中學，假期來合肥吃了一次，便念念不忘，我夫人一到北京他家，便要她燒紅燒肉給他吃，有一次去北京，不知給這位中學生帶什麼好，我出了主意，說燒碗紅燒肉帶著，一下車便熱給他吃，夫人說哪有帶紅燒肉的，我說試試不妨。不想到北京後大受歡迎，引得一家哈哈大笑。「不及夫人小紅燒」，已在我的友人中傳開。這事起源於蘇州，此乃蘇州三趣也。

1998.1

「文章」與「吳鈎」

「吳鈎」，古時刀名，引申爲武器，它的作用是衆所周知的。

對於文藝作品，雖然承認它的社會作用，但作用到底有多大，畢竟沒有「吳鈎」明顯，因此衆說不一。唐朝的李賀，很負詩名，但他自己有點兒看不起自己，寫詩說：「男兒何不帶吳鈎，收取關山五十州。請君暫上凌烟閣，若個書生萬戶侯？」覺得舞文弄墨出息不大，很贊佩封候掠地的武將。這觀點似乎有點急功近利。後來，對於文藝作用的估價，也是時漲時跌，沒有什麼固定的標準。有人說，吟風弄月，消閑而已，認爲沒有什麼作用。「四人幫」那個理論權威又危言聳聽，說《劉志丹》是用小說反黨，於是禁錮作品，殘害作家，搞得冤案迭起。

最近偶然看到一位同志的兩句詩，把「文章」和「吳鈎」作了比較，說是「若道文章皆禍水，興亡何必動吳鈎？」那意思是很明確的：文章就是文章，不像「吳鈎」那樣刀光劍影，用不著過分害怕。這當然沒有錯。但詩中所含的還有另外的意思，即國家的興亡都是「吳鈎」所致，與文章或文藝作品的關係不甚大，這就使人有點納悶了。與此有點關連的說法還有：「唱首歌就能亡國嗎？」「國家那麼強大，爲什麼還要害怕一出戲、一部電影？」這都牽涉到如何理解文藝作品的社會作用，如何正確對待文藝領域的百家爭鳴。

有的同志作過考證，在人類社會，文藝的出現比「階級」、「政治」這些概念還要早，單就這一點，也可見文藝與人類的生

存發展有著多麼密切的關係，最早的文藝「杭唷杭唷」派，不就是適應生產鬥爭的需要而出現的麼？「武可以興邦，文可以治國」，「文武之道」，並行不悖，這個「文」，其中也包括文藝。所以歷來的帝王君主，都不敢忽視「文道」，文武之道，一張一弛，似乎說的是治國平天下的軟硬兩手。但有的把弦繃得太緊了，近乎神經過敏，如秦始皇、漢武帝，一個「焚書坑儒」，一個「罷黜百家」，還有清王朝大搞「文字獄」，無不扼殺了一代風流，給後世留下的名聲都很不好。也有對「文道」掉以輕心的，如南唐后主李煜，雖然他填的詞藝術造詣很深，但對「文可以治國」的道理不甚理解，他的作品大都是歌頌享樂或唉嘆失去的「雕梁畫棟」的，被人譏爲「亡國之音」，當宋太祖派兵進攻南唐時，他還在宮廷裡大寫「櫻桃落盡春歸去，蝶翻輕粉雙飛」，而這闋《臨江仙》還差三句未填出來，就做了階下囚了。武則天和曹操在歷史上可謂風雲一時，什麼樣的場面沒見過，但對駱賓王和陳琳的檄文，還是不禁要倒吸一口涼氣。這些都可見文章、文藝作品的力量多麼不小。其實，歷來人們都有把「文章」與「吳鈎」相提並論的習慣，所謂「刀筆」、「捉刀代筆」、「以文殺人」，那是講文章或文藝作品的害人作用，與吳鈎可以並稱。馬雅可夫斯基曾把詩歌比作「旗幟和炸彈」，那是講詩的作用，講詩講文藝幾乎天天對人的召感與鼓舞。所以，對於人們要接觸的文章、文藝，是沒有理由不去重視它所帶來的影響的。

把所有的文章、文藝作品一概斥之爲「禍水」，那是林彪、「四人幫」一伙幹的。其實真正的「禍水」，倒是他們自己炮製的那些連篇累牘的文章和陰謀文藝，他們就是以此來擾亂人心，來殺人。我們這個國家那時所以被搞得凋敝不堪，滿目瘡痍，經歷了一場空前的浩劫，那些反動文章、陰謀文藝確實起了不容低

估的作用。回顧往事，怵目驚心，殷鑒不遠。現在，形勢根本改
變了，文藝重新走上健康發展的道路。文藝家們的勞動得到尊重
得到高度的評價，這一切使文藝工作者如坐春風，瑰麗的篇章層
出不窮，雖然也出現極個別不好的作品，這是前進中的問題，是
正常現象。不必大驚小怪。但是既然發現問題，就應該研究、解
決。對有爭議的作品進行討論、批評，勸導青年同志自覺抵制一
些早已被淘汰的靡靡之音和不健康的東西，是完全必要的。對某
個不好的作品，給予適當的批評，並不是說那裡又出了一股「禍
水」，也毫無追究作家個人責任的意思，只是為了不斷地總結，
不斷地探討，以求得發展提高。可怕的是，明知有不好的東西，
也不管不問，任其毒化空氣，損害我們健康的肌體，別人提出了
批評和勸導，仍然置之不理，甚至找出種種理由加以辯護和推諉，
連擺事實，講道理，實事求是，心平氣和的文藝批評也不想要，
這樣下去對人民的事業和繁榮文藝能有什麼好處呢！

　　文章、文藝與「吳鈎」各有各的功能，而文藝作品潛移默化、
對人精神的熏陶與感染，是「吳鈎」所不能代替的。所以我們決
不能因為一首壞的歌曲不能亡國，一部不好的作品不能動搖國家
的基石，而拒絕必要的文藝批評。

　　　　　　　　　　　　　　　　　　　　　　　　　1980.7

鮮花、綠葉和創作

在一本回憶錄裡讀到，第二次世界大戰以後，赫赫有名的美國人哈里曼到德國西部的愛森地區去考查。因爲毀於兵火，德國很多地方都是一片廢墟，人民流離失所。可是，當哈里曼的隨行人員問他，德國人能重建家園嗎？哈里曼卻毫不猶豫地回答：能！哈里曼作出如此肯定的判斷，有什麼根據呢？原來他在一戶屈居於凋蔽的地下室的德國人家裡，看到了一盆花。在如此悲慘的境遇之中，竟然沒有忘記對美的追求，沒有失去對生活的信心，這就是一個民族精神的閃光之處。哈里曼也正是以一個藝術家一個社會學家的眼光，由此而看到了這個民族的未來。可以毫不誇張地說，這盆花完全可以稱之爲一個民族正在燃燒的心靈之火，足以點燃許多正在災難中掙扎的人們的心。它向人們顯示的是：堅韌的信心、無窮的力量和未來的美好。

由這一盆花，我又想到了一片葉子。這片葉子非同小可，它拯救了一個生命。那就是美國作家歐·亨利在短篇小說《最後一片葉子》中爲我們描述的一切。年輕的女畫家瓊西患了嚴重的肺炎，醫生斷定她只有十分之一的恢復希望。秋風蕭瑟，落葉飄零，瓊西感到了死神的迫近，對自己完全失去了信心，她黯然地數著窗外長春藤的葉子，心想：「等到最後一片葉子掉下來，我也就該去了。」然而，經過一夜的淒風苦雨，這最後一片葉就是落不下來，瓊西的生命也眞的和這片葉子聯在一起，她竟然神奇般地脫離了危險期。可是，她哪裡知道，這最後一片葉子，原來是立

志完成一幅傑作的老畫家貝爾門，冒著秋夜的風雨畫上去的。「最後的傑作」完成了，貝爾門卻因風寒而染上肺炎去世了。有人把《最後一片葉子》歸於傷感氣氛濃厚的小說一類，然而它的眞諦卻在於贊美藝術振奮人心、復蘇生命的巨大力量。

　　文學藝術是人類生活的眞實反映，又是生活的結晶和對生活的追求。人民總是嚮往著美好的，文學藝術就應該給予人民以追求美好的力量。前面所說的那一盆花，是眞實的，嚴格講起來，它並不是一件藝術品，但以藝術家的眼光，就能看出它所蘊藏的一個民族的信心和力量，所以它振奮人心。歐·亨利筆下的那一片葉子，在大千世界之中多麼微不足道，然而它是經過藝術提煉的，因此，可以鼓舞人們去爲追求美好而奮鬥，而犧牲。

　　誠然，生活並不是到處都充滿陽光，美好和醜惡總是並存的。因此，文學藝術絕不只是去編織一些華麗的花環，慈善家般地給人以撫慰。但文藝更不能給人以消沉和萎頓，精神食糧就必須賦予人們以精神的力量。假若人們正在泥沼之中跋涉，文藝就要召喚人們向彼岸奮進。毫無疑義，文藝也肩負著詛咒黑暗與醜惡的職責，但詛咒也有詛咒的藝術，並不是要人們在詛咒聲中沮喪和一籌莫展，而是要使詛咒成爲號角，在詛咒聲中組織新的進軍。《杜十娘怒沉百寶箱》、《賣油郎獨占花魁》，寫的是名妓的生活，然而它們毫不給人以淫穢之感，恰恰相反，卻在鞭打封建社會黑暗的同時，歌頌了嚮往自由和美好的心靈。眞實有它的客觀性和主觀性，文藝不能是虛假的，只能是眞實的。但文藝要講「風骨」，要講「意境」，要賦予眞實以旺盛的生機和活力。爲眞實而眞實，不但無法通向一個情趣高雅的藝術境界，而最終只能違反眞實。記得俄國批評家盧那察爾斯基曾經打過一個比方，譬如蓋房子，總是一層層地疊上去的，竣工之前，不會有屋頂，這

是千眞萬確的眞實。但如果文藝去把這房子描寫成沒有屋頂，雖然有它細節的眞實，但它是靜止的眞實，因而不眞實。因爲這房子將來一定會有屋頂，盡管它在施工過程中會遇到偷工減料，拖延時日等等阻礙。這說法雖有主張「寫本質」之嫌，但它提倡文學藝術的鼓舞作用，於我們仍然有益。

　　古人有言，一個國家的興盛，必須要有一個安定的政治局面、清廉的吏道、振作的民心。粉碎「四人幫」，我們有了一個安居樂業的政治環境，吏道雖然尚不甚清廉，但從上至下都在立志改革。振作民心需要各方面做出不懈的努力，十年浩劫，人民的心靈受到創傷，精神受到壓抑，一旦解放出來，就會爆發出無窮的力量。作爲文藝所肩負的使命，就應當能感染觀衆或讀者，使他們不得不照新的方式去想象世界，用新的眼光去看待世界，建立起新的處世態度。每一部文藝作品都應當美些，更美些！

1980.11

翹尾巴・夾尾巴・藝術美

　　1983年當代大畫家劉海粟有篇文章《畫牛瑣憶》，其中寫道：「我在西班牙沙羅那看過鬥牛，咏味過伊本涅斯著名小說《碧血黃沙》中的情調。鬥牛，這是封建貴族遺留下來的殘酷娛樂之一。鬥牛場專用的牛，角如鐵叉，向前戟指，十分銳利，全身筋肉，膘悍麻俐，經過專門訓練，一見紅披風就怒不可遏地豎起尾巴，兩眼充血，撲向鬥牛士。」這是海粟大師描述他親眼所見的情景，生動而逼真，但他筆下的那鬥牛「一見紅披風就怒不可遏地豎起尾巴」的記載，卻使我想起一件畫壇爭論不休的事來，因為它牽涉到生活真實和藝術美之間的關係，所以結合自己的生活切身感受作一番揣摩和領略，其中情趣，很可玩味。

　　我們知道，戴嵩是唐代的大畫家，他畫的牛，「窮其野性筋骨之妙，故居妙品。」清代張志鈴在《畫家品類舉要》中說：「論畫者謂唐宋畫牛者止三人，戴嵩、厲歸真、裴文睍也。」然而，戴嵩畫的鬥牛卻常常被指責為犯了常識性的錯誤，因為他畫的鬥牛，往往是尾巴高高翹起，被論家認為是失真，其中批評得最尖銳的要數蘇東坡。他在《東坡題跋・書戴嵩畫牛》中說：「蜀中有杜處士好書畫，所寶以數百。有戴嵩牛一軸，尤所愛，錦囊玉軸，常以自隨。一日曝書畫，有一牧童見之，拊掌大笑，曰：『此畫鬥牛也，鬥牛力在角，尾搐入兩股間，今乃掉尾而鬥，謬矣。』處士笑而然之。古語云：『耕當問奴，織當問婢。』不可改也。」但也有人認為，戴嵩畢生寫牛，對牛的觀察常常是頂曝浴雨，經

久不怠，可謂是細致入微，不可能不知道鬥牛是「尾搐兩股間」的，之所以畫成牛尾高掉，或許是爲了更加生動神氣，更加富於藝術的魅力。到底如何來理解這場爭論呢？蜀中杜處士所珍藏的那幅鬥牛已不能見，然而張志鈞《畫家品類舉要》裡選刊的戴嵩的另一幅《鬥牛圖》，卻別是一番情趣：兩頭水牛膘悍強倔，野性畢現，一場廝鬥似乎高潮剛過，已近尾聲，一頭牛要敗北奔逃，另一頭則窮追不舍，但這兩頭鬥牛的尾巴都是夾在兩股之間，只微微露出一點尾稍，所以後來乾隆皇帝在這幅畫上題詩說：「角尖項強力相持，蹴踏騰轟各出奇；想是牧童指點後，股間微露尾垂垂。」說是戴嵩采納了牧童的批評意見，而在自己的繪畫實踐中糾正了自己的失誤。乾隆皇帝說戴嵩糾正自己的錯誤當然只能是聯想，因爲蜀中杜處士與牧童是否和戴嵩同一時代，杜處士是否將牧童的話轉告了戴嵩，都不可考。但戴嵩畫過不同形象的鬥牛，則是可以肯定的，而這「股間微露尾垂垂」的鬥牛，也非常生動、有趣，令人愛不忍釋。是不是就此斷定牛尾高翹的鬥牛畫不可取，是不符合生活眞實的次品呢？我想也不能，除海粟大師所親見的「一見紅披風就怒不可遏地豎起尾巴」的鬥牛外（當然那是牛和人鬥，不是和牛鬥，但也有相通之處），生活眞實中也有鬥牛是豎起尾巴的。

鬥牛在牧場上屢見不鮮，可大致分爲兩種。一種是眞鬥。爭鬥的雙方，全身肌肉收縮，用盡力氣，拼命搏擊，尾巴則是絕對地夾在兩條後腿之間的；二是戲鬥。無論水牛黃牛，雖然笨拙，但也不乏天眞爛漫之舉，尤其在水草肥美的春季，更是歡蹦追逐，時時戲鬥，這種戲鬥，如同小孩之間打架鬧著玩的一樣，雙方都不認眞地用力量，節奏也很舒緩，還時而伴著咩咩鳴叫，尾巴隨時左右搖晃，間或高高揚起，以表示歡樂之情。有經驗的牧人說，

大地回春，牛的皮膚燥癢，戲鬥乃刹癢的方法。但牧童和農人只習慣於把真鬥才稱爲鬥牛，也只有遇到這種真鬥時才引起緊張和重視，因爲擔心牛在拼力的角鬥中負傷甚至鬥死。所以一有真鬥，總是想法迫使爭鬥的雙方離開，不過一旦真的鬥起來，要分開也就很難了。

　　生活現象是複雜的，即使如鬥牛，也不可一概而論，不能認爲只有牛尾夾在兩股之間這一種形式。蘇東坡所說的「耕當問奴，織當問婢」，不論幹什麼事，包括從事藝術創作，都應當向有生活經驗的人學習、請教，這無疑是非常正確的。但具體到評論戴嵩的鬥斗圖時，借牧童之口來指責戴嵩，卻有些片面，只知其一，不知其二了。戴嵩的鬥斗圖，杜處士所珍藏的那一幅，尾巴高翹，是有其生活依據的，也是有其藝術價值的，不然，這位處士何以如此珍視？被張志鈞收在《畫家品類舉要》裡的這一幅，尾巴夾在雙股之間，也有其生活依據，同樣是藝術珍品。牧童之所以指責戴嵩，是囿于他觀察生活的習慣，因爲對生活太熟悉了，所以反而片面。蘇東坡之所以輕信牧童而造成片面，則是由於他對於牛的習性，對於鬥牛還不太熟悉，了解得還不太全面。由此而想到，無論是作家、藝術家還是評論家，要創作出真正有藝術價值的作品，要認識一部作品的藝術美，都必須對生活有深刻的認識和理解。戴嵩能畫出翹尾巴與夾尾巴兩種形式的鬥牛圖，能從各個不同的角度畫出鬥牛的生動形象，給人以藝術的美感，正是由於他細致地觀察了牛的各種生活習性，充分地把握了鬥牛的美學意義的結果。張志鈞推他爲唐宋以來畫牛三家之首，是很有道理的。

　　寫到這裡，這篇短文應結束了，但想到十九世紀法國大油畫家雷蒙・布拉斯卡薩畫的油畫《角鬥》，覺得還要說幾句。《角

鬥》畫的是兩頭黃牛正在力搏，尾巴只是微微露出，牧童正在一旁高舉棍棒力圖平息這一場爭鬥，可以斷定這是牛的眞鬥。爲什麼許多名畫在畫鬥牛的場景時，大都畫牛尾夾在兩股之間呢？這顯然是尊重人們的生活習慣——即認爲牛的眞鬥才是鬥牛，而不把牛的戲鬥認眞地列入鬥牛的範疇。生活習慣常常直接影響人們的欣賞習慣。所以，藝術美所遵循的生活眞實，還必須把人們的生活習慣愼重地考慮進去，不然，藝術美便往往被人們所疏忽，不易爲人們所接受，牧童之所以面對戴嵩的翹尾巴鬥牛圖「拊掌大笑」，不能領略其中的藝術美，正是因爲這幅鬥牛圖和他習慣理解的鬥牛有相悖之處。至於海粟大師所描述的鬥牛「一見紅披風就怒不可遏地豎起尾巴，兩眼充血，撲向鬥牛士」，那是鬥牛正在奔跑，準備搏鬥的情景，一旦和鬥牛士拼命地爭鬥起來，是否還是「豎起尾巴」，他在文章中沒有提及，也就不好揣測了。

1984.3

黃梅戲面臨挑戰及其他

　　對於黃梅戲的興衰，每一個安徽人都十分關注。黃梅戲逐步由民間小調發展成為全國五大劇種之一，飲譽海內外，是經過了安徽幾代黃梅戲藝人的艱苦努力，凝聚了他們許多心血的。這枝幽香獨秀的藝術之花，也是安徽的一個光榮。黃梅戲在它的演變過程中，曾和湖北省黃梅縣的採茶調有過淵源關係，湖北不少觀眾也酷愛黃梅戲。所以，前不久湖北省提出要讓黃梅戲「回娘家」，而且省裡的負責人具體過問，文藝界協同努力，有目標、有措施，已經形成了一種咄咄逼人的競爭氣勢。有競爭，應當說是一件好事，但也確實需要我們這個黃梅戲之鄉認真地作一番思索，並採取一些得力的應戰對策。

　　值得我們思索的是，黃梅戲自《天仙配》、《女駙馬》、《牛郎織女》及《打豬草》、《夫妻觀燈》等優秀劇目轟動文藝舞台以來，雖常有新作出現，但影響深遠者，實屬寥寥。是「江郎才盡」，寫不出新的篇章，還是演員後繼乏人，沒有如嚴鳳英、王少舫那樣的名角？我以為都不是。「江山代有才人出」，像黃梅戲這樣「一曲黃梅動江淮」的優秀劇種，各個時期都會有它的代表作出現，特別是在徹底否定了「以階級鬥爭為綱」的極左思想干擾之後，黃梅戲更有其發展的廣闊天地，問題是我們如何去摘取這顆鮮美的藝術之果。省裡雖然也曾提出過黃梅戲要有打得響的作品的要求，但像湖北省那樣上下齊動員、出勁去抓的事，則尚未聽到過。對這個頗有名氣的土特產，在江淮文化戰略上到

底處於什麼位置，似乎論證得也並不那麼周詳。戲劇是綜合藝術，需要許多人多方面的共同努力，沒有得力的領導指揮，沒有具體的戰略措施，不去調動藝術家的全部創造精神，是難得有什麼突破的。《天仙配》、《女駙馬》的出現，就是當年省裡的一些負責人和嚴鳳英、王少舫爲代表的編、導、演、舞美、音樂等諸多同志日夜辛勞、反復琢磨的結果，許多黃梅戲藝人回憶當年情景，仍感留戀。現在我們缺少的正是那樣一種勁頭，而只是停留在一般的號召上，並無具體的戰略設想和戰略措施。

戲養人，人養戲。要把黃梅戲搞上去，還要花大氣力抓出一批好的本子。劇本，是一劇之「本」。嚴鳳英、王少舫等藝術大師的出現和《天仙配》、《女駙馬》這樣的優秀劇本是息息相關的。現在，也已經湧現出了像馬蘭、黃新德這樣一批頗具才華的中青年演員，但還沒有出現或超過《天仙配》、《女駙馬》那樣較高藝術水平的劇本，所以新一輩的演員也便難以在老一輩藝術家的基礎上再度開拓創新。因此，黃梅戲應當在劇本上有所突破。要大膽發掘起用人才，集中智慧，通力合作，溶成一體，爭取有較大影響的新作出現。太急了不行，不急也不行，熱愛黃梅戲、關心黃梅戲的觀衆已經引頸盼望很久了，湖北省的同志也在向我們挑戰了，我們必須有緊迫感。我們的「土特產」並非「別無分店」！

黃梅戲狀況，可以說是安徽文化藝術的縮影。振興安徽，文藝是一個重要方面。近二十年來安徽的文化藝術也曾經有過興旺時期，出現了許多好的作品；農村群衆文化也在全國頗有影響。現在的情況如何？湖南有朝氣蓬勃的作家群，山西的晉軍也在崛起，上海有一支文藝理論新軍，他們的步伐何等矯健，氣勢何等昂揚。安徽呢？不也應當有一支壯觀的文藝皖軍嗎？可惜隊伍似

未形成，「內耗」不斷發生，有些不景氣。這是應當引起我們深思的。文化藝術的發展需要寬鬆和諧的氣氛，需要尊重創作自身的規律，但更需要關心和引導，更需要文藝界同志的共同努力。實際上只要下功夫就能出成果，今年黃梅戲二度進京，《秋千架》、《徽州女人》等劇目不是在京城有所轟動嗎？雖然這幾個戲的藝術水準離《天仙配》、《女駙馬》還有一定的差距，但只要堅持不懈地努力創新，黃梅戲就一定能煥發出新的光彩。

1999.8

十上黃山意若何

　　藝術大師劉海粟九十三歲高齡，十上黃山，以了宿願，此舉已在文化藝術界傳爲美談。海粟大師畢生致力於美術教育和繪畫創作，成就赫然，舉世囑目，他的作品已多爲國家美術館珍藏，成爲不可多得的國寶。這樣具有世界影響的藝術家，爲什麼還要在如此高齡十上黃山呢？是難以忘情於黃山的奇松、怪石、雲海嗎？是要借黃山的奇崛和秀麗來陶情冶性嗎？或許是這樣，或許也不盡然。黃山，對於劉海粟來說，實在是太熟悉了，他以黃山爲老師，對於黃山的一松一石一花一草都充滿著誠摯的友情，一部《黃山談藝錄》，出神入化，眞是將黃山的筋骨、神韻都揣摩透了，他那些筆墨酣暢淋漓的黃山畫幅，更是極盡黃山之風采。十上黃山意若何，老畫家對黃山還有什麼追求呢？

　　他要去黃山追求他無盡的藝術生涯嗎？每去一次黃山他都有新的感受，常看常新，常畫常新。師法自然，師法造化，這大概是任何一個有作爲的藝術家藝術生命不會枯竭的根本，成就再高，然而造化無極，在五彩斑斕的大自然面前，一切丹青高手都顯得黯然失色。劉海粟是眞正領略了此中眞諦的，他的藝術生命與黃山同在。

　　他要以十上黃山的具體行動，強調藝術與生活眞實的關係，去影響正在進行各類藝術實踐的人們嗎？他沒有說出來，也無需說出來，我們只能揣摩。藝術實踐的本身是一首詩，不僅向人們展示藝術的價值，也向人們展示藝術家的價值。無論人品、畫品，

劉海粟都是可謂至臻至美了。然而他還不滿足，他還要以自我的完善去影響他人。現在不是有種種否定文藝來源於生活、文藝家要深入到生活中去的說法嗎？不是有脫離現實生活而胡編亂造，以致使色情淫蕩的露骨描寫充斥書刊出版物的所謂文藝家嗎？在一些人看來，文藝只是賣錢的商品，並不顧及什麼文藝的社會責任，然而他們卻不許自己的子女去閱讀他所信口開河的作品，因為他對自己的子女還存有某些未泯的良心，至於社會上其他的青少年讀了之後會受到怎樣的心靈的摧殘，他是想也不想的。這當然是不符合一個藝術家的良心道德準則的。海粟老人是否有感於此，希望能有更多的人以十上黃山的精神，去獻身於文學藝術，在不斷的藝術創造過程中，也使自己的靈魂不斷得以淨化呢？或許是的，不過他沒有說出來。

　　十上黃山意若何，這是海粟大師給文藝界朋友們出的一個大題目，這個題目的意蘊很可能比海粟老人十上黃山這件事本身還要深遠。

1988.7

兩部《末代皇帝》

　　不管怎麼說，觀衆是有眼福的，可以一下子看到兩部《末代皇帝》——完全由中國人拍攝的大型電視連續劇《末代皇帝》和主要由外國人拍攝的電影《末代皇帝》，而且電影《末代皇帝》是得了九項奧斯卡大獎的。

　　早在電視連續劇《末代皇帝》播放之初，西方的觀察家們就發生了濃厚的興趣。他們認爲在電視連續劇還沒有完全製作完畢的情況下就急忙播出，似乎是爲了抵銷電影《末代皇帝》的影響。其實他們的猜測沒有任何根據，因爲一部藝術作品的魅力，無論如何是沒有辦法去抵銷的。以兩部《末代皇帝》而論，凡看過電影的，依然對電視劇饒有興味，還是一集一集地看下去，從一個又一個的鏡頭裡去領略中華民族所獨有的傳統文化風韻。相比之下，電影《末代皇帝》則缺少中國傳統文化的風格，它基本上是以西方人的眼光來看中國，帶有較強的思辨色彩，對傳記文學藝術所必須遵循的寫實性，尤其是處於溥儀那個時代中國人的心態、素養和社會氛圍的寫實性則不大顧及。事實上，即使外國人對此作過較爲深入的研究，也難以辦得到。因爲幾千年來所積澱的文化傳統，既微妙又神秘，外國電影藝術家要想做到維妙維肖地藝術再現，幾乎是不可能的。首先是如何理解溥儀這個人，他由皇帝到平民，由人性的被扭曲到人性復歸，一生是坎坷獨特的，更由於他三歲登基，父母見了他都得叩頭下跪、口呼萬歲，他無法享受天倫之樂，同時也得不到應有的家庭教育，從小便生活在那

個令人窒息的「黃圈圈」裡，是「世界上最孤獨的孩子」，因此
也養成了他性格的怪癖和反常。電影在這方面的刻劃顯然不多，
而電視劇則真實得多、細膩得多，並使觀眾能從溥儀的獨特性格
中領略到中國末代王朝的腐朽與悲涼。從他極度壓抑的內心世界
也同樣強烈感到一個國家的落後，必須忍受多麼大的恥辱，承受
多麼大的犧牲與痛苦，這些仍然值得今天的觀眾反思。有人批評
電視連續劇的敘述手法，帶有拘泥歷史的「匠氣」，然而恢宏的
大匠之氣也沒有什麼不好。不過，電視劇對中國封建王朝必然滅
亡所流露出的維護正統的觀念和淒惶惋惜之情，卻是不可取的。

　　電影「末代皇帝」的意大利導演貝托盧奇十分強調藝術的本
體意識，他說：「我不是一個歷史學者，我感興趣的是如何在鏡
頭前對歷史事件進行藝術虛構。」主體意識在一切藝術式樣中是
非常必要的，某些藝術虛構也為如《末代皇帝》這類傳記式的作
品所必不可少，但傳記式作品如果離歷史真實的差距太大。觀眾
也就難以接受。實際上影片中不少所謂主體意識的體現，是以西
方的生活方式來揣測中國的宮廷生活的，因此這種主體意識是一
種扭曲的主體意識，因為它不是從中國的歷史事實出發的。如溥
儀與婉容成親的場面，文繡在天津有溥儀在場的大庭廣眾之下與
美國人那麼親近的場面，都顯得離譜太遠。這樣說當然並不等於
影片中的主體意識運用都不好，也有不少值得稱道之筆，如兩次
蟋蟀罐的出現，盡管人們懷疑為什麼一只蟋蟀可活六十年，還是
能引起深長的思索的。

　　現在兩部《末代皇帝》都擺在了觀眾的眼前，見仁見智，各
有評說是很自然的，對於電影提出歷史真實方面的某些要求，是
民族文化傳統、風土人情、思維定勢方面的某些規律性的內涵總
和的要求，這在各個民族是有很大區別的，提出這方面的要求是

對文化傳統的一種尊重，因此大可不必認爲是「苛責」，同時也不必因爲電視劇在拍攝過程中受到某些不公正待遇，因而便對電影採取不公正的態度。既然是藝術討論，就應當從藝術本身出發，不能因爲藝術之外的某些因素而埋沒了藝術中的珍貴東西。

1988.9

破天荒的悲哀的「首屆」

　　在中國美術館結束的爲期二十八天的首屆油畫人體藝術大展，參觀人數超過二十萬，爲美術館建館三十年來所罕見，眞可謂盛況空前，轟動京師。

　　雖然有如此不同凡響的聲勢，但畢竟讓人感到有些悲哀，悲哀不在畫展的本身，而在於這個來得太遲的「首屆」，在於和「首屆」有著本質因由的冤屈和紛爭。

　　人類對於人體藝術的探索已有十分漫長的歷史，不只是有希臘的人體雕塑，中國的遠古祖先對此也雖作過許多努力，只是在後來以致近代、當代又被視爲邪說異端、洪水猛獸。西方世界視人體藝術爲聖潔、典雅，許多莊嚴的場面都有人體藝術作品的裝飾和陳列，更顯出氣氛的嚴肅與和諧。中國雖然視人體藝術爲禁區，但探索者大有人在，如果將人體攝影包括在內，近代亦當有八十年有資料可考的歷史。1920年北京攝影家劉復、黃堅、吳輯熙請了一位黃包車工人的夫人當模特兒，試拍人體照片，僅黃堅拍的一張作品成像，但從未展出，沒有什麼影響。此後有劉海粟、徐悲鴻等前輩藝術大師熱情倡導，開設人體藝術課，但屢遭道學家、流氓、惡棍的聯合搗亂，人體畫開了頭，卻難以展開去，步履十分艱難。解放後人體藝術仍然是躲躲閃閃，似乎是見不得天日的妖魔。改革開放政策的實行，使文學藝術、思想意識形態異常活躍，但也只是在十年改革開放的第十年的年末，才爭得了這一「首屆」大展，何其姍姍，何其滯重！八十年，不算太漫長，

但對於人體藝術來說，卻又太長了！

　　和人體藝術遭際、命運密切相聯的，是人體模特兒，直到目前為止，包括參觀過「首屆」大展的觀眾在內的許多人，視人體模特兒為不顧羞恥、有傷風化者比比皆是，害得那些有志於獻身藝術事業的模特兒無所適從，身心遭受嚴重摧殘，以致飲恨終生。前兩年南京美院聘請的女模特兒因屢遭社會愚昧的侮辱、漫罵，親屬的不理解和歧視，而神經失常；這次首屆大展，又有因從畫幅上認出了所畫的乃某甲某乙而風波迭起，丈夫、公婆的詰難與羞辱，使得她們難以擺脫，只得違背自己當初自願當模特兒的初衷去打官司，不能自圓其說地指控畫家和畫展侵犯了她們的肖像權。大展不得不遺憾地摘掉幾幅人體作品，模特兒的苦衷我想和那遲到的「首屆」是緊緊地聯繫在一起的。

　　遲到的「首屆」雖然遲到了，但中國的人體畫畢竟從藝術院校畫室裡的苟且偷生境況中走了出來，走出了防空洞。首屆破天荒的大展，不能不具有里程碑的意義。道學先生們能容忍數不清的男盜女娼，可以躲在黑暗的角落裡看淫穢錄像，卻一味地想扼殺人體藝術；製造春宮畫的黑手們為了他們的錢袋，也一味地干擾人體藝術；以肉欲感官刺激為樂事的輕薄兒們，又一味地褻瀆人體藝術。人體藝術還得有漫長的艱難里程，八十年何止！但藝術家堅信：「在人體表現中透露了銘刻著不同時代與不同作者的審美情趣、思想感情及不斷遞變著的社會思潮」（吳冠中語）。模特兒也認定自己「算得上是創造美的藝術家」（金娥語）。人體藝術是一定會沿著高雅的審美情趣向前邁進的，這樣的擔心和那樣的顧忌，都只能成為古老的話題。

1989.1

「瘦骨不怕西風」

　　我的臥室裡掛有一幅墨竹。畫面有動態的神韻，恰似微風吹
過，枝枝嫩竹籟然有聲，片片綠葉婆娑起舞，一派盎然生機。這
是黃葉村老先生的作品，然而老畫家已經作古了，留給我們的只
有一幅幅墨竹和山水，還有那「瘦骨不怕西風」的藝術精神。

　　面對黃葉村的墨竹，不禁想起鄭板橋題竹的詩句：「疑是民
間疾苦聲」，不免產生憂患之感。或許有人要問我：難道民間還
有疾苦麼？我要說，我們期待著民間沒有疾苦，一片升平。然而
民間確有疾苦！不然，就不必將關心群衆疾苦作爲公僕們爲政的
一條要義。比如這位一輩子畫竹的黃葉村先生，就有他的疾苦。
有人告訴我，黃葉村終生潛心於丹青，孜孜不倦，追求不息。他
的遺作去年下半年在北京中國美術館展出之後，藝術界極爲震驚
贊嘆，深通書畫藝術的方毅同志看了展覽後連聲說：「張張都是
國寶」。不少人對著他的畫幅作揖禮拜，相見恨晚。然而有誰知
道，畫家生前有很長的一段時間裡卻衣食無著、僅住在七八平方
米的小茅棚裡呢？爲了糊口，他曾不得不在郵局門口擺攤代寫書
信，以換取微薄的報酬。近年間雖然境況有所好轉，但他的藝術
造詣，生前卻不爲人所認識，只是在他的遺作赴京展出之後，他
的藝術成就才大展光彩。這難道不是黃葉村的疾苦麼！

　　黃葉村有疾苦，但他不怕苦，「瘦骨不怕西風」便是他的自
我寫照。他不但不怕苦，而且自尋其樂，不斷地從他的藝術創造
裡去尋找他的人生樂趣，筆墨爲伴，山水爲友，蕭蕭之竹更是他

的知音了。他曾說：「喜氣畫蘭，怒畫竹」。那每一片竹葉都是他心靈的寄託，他所走過的七十八載人生歲月，是那樣的寂寞，也未免有些激憤！然而「文章乃寂寞之道」，書畫藝術何嘗不是寂寞之道？筆塚墨池，先窮而後工，這是多麼艱難的磨煉！黃葉村是深諳此中之奧妙的，所以他除了畫他的竹子之外，其餘一切皆順其自然。所謂「無欲則剛」，無所求，也就免去了許多糾纏自己平靜心境的煩惱，便可以真正地潛心於創造，終於成就了真正的蕭蕭的「江南一枝竹」。

　　難道黃葉村那樣的不聲不響，是對自己的藝術缺乏信心麼？不是的！他曾說過，我生前成為不了中國美協會員，死後一定會成為中國美協會員。他對自己是深信無疑的！難道他是故作艱深，追求那些死後殊榮麼？他沒有說，因此不得而知。但文藝家們總希望自己有個稍微寬裕一點的創作環境，要不曹雪芹也便不去感嘆那種「舉家食粥酒常賒」的窘況了，只是得不到，也不會去為五斗米而折腰！黃葉村大約便是這樣。

　　耐得住寂寞，「瘦骨不怕西風」，正是文藝家的可貴品格，這種品格需要保護和珍惜。我們已經有了一個保護和珍惜這種品格的溫馨大環境，但文藝家之間還需造成一個彼此協調、相互溝通的氣氛，不管誰有了好作品，都是整個社會的共同財富，大家都值得高興。「遺之在草澤」，豈不可惜？不承認更是要不得了。黃葉村辭世一年半之後，遺作能赴京展出，並且有如此強烈的反響，是近年間全國僅有的三例之一。然而值得思索的是：對於受到人民的普遍喜愛，從披髫小兒到華首老者都尊稱為「江南一枝竹」的黃葉村，在他生前以致於死後，是不是過於冷淡了些呢？

1989.1

王蒙的勇氣

　　王蒙是被公認爲有勇氣的作家。他的勇氣表現爲他的探索。

　　他本來有一條現成的路。這條路就是二十四年前震驚文壇的《組織部新來的年輕人》，這篇被文藝界稱之爲小說林中的「保留節目」，有著王蒙自己的風格和特點，他本來可以照著這條路走下去，他的許多朋友也規勸他，「魂兮歸來呀，組織部新來的年輕人」（劉紹棠語）。這樣做，是一條熟悉的路，對於王蒙來說，或許能省去不少力氣。可是王蒙偏不，他要另闢蹊徑，他要曲徑通幽，他執著地探索，連續發表了《春之聲》、《海的夢》、《夜的眼》、《風箏飄帶》、《布禮》、《蝴蝶》等中短篇小說。讀著這些嶄新的篇章，和當年的《組織部新來的年輕人》比較起來，風格迥異，意境全新。這固然和他的生活經歷有關，錯劃右派後，他由北京到新疆，眞是「故國八千里，風雲三十年」，風風雨雨的激蕩，促成他進入了尤爲深入的思考，取得了對生活的獨特見解。但有了豐富的生活，並不等於有了眞正的小說。作家的職責在於創新，王蒙要通向一個更寬廣的藝術境界，他既不拘泥於傳統，又不爲自己所熟悉的路子所羈絆，於是，他在藝術的迷宮裡苦苦地探索。

　　既然是探索，盡管你的初衷是爲了更有力地洞開藝術之門，仍然會出現意想不到的曲折。面對著王蒙的作品，眞是衆說紛紜，有的說讀不懂，有的說背離了民族形式，諸如「意識流小說」、「生活流小說」、「心理描寫小說」、「心靈剖析小說」、「現

實主義加深刻的心理描寫」、「散文小說」等等名目，一齊向王蒙的作品湧來，還有的乾脆認為王蒙在擺迷魂陣。王蒙安之若素，他深知探索和失敗往往是聯繫在一起的，而勝利將最終屬於頑強的探索者。於是，無論是贊揚獎譽，或是指責憤慨，王蒙都冷靜地對待，他既不屈從於輿論，更不淺嘗輒止，他只是苦苦地探索，去尋找適合於表達他的經歷、學識、氣質、趣味的藝術形式。

在探索的過程中，比較起來，王蒙更為重視對他的批評意見，他認為，一篇作品，沒有反響是乏味的。他熱忱地歡迎對他的作品的失望、憤慨意見。他的這種熱忱，並非口頭上的堂皇文章，而是發自內心的真誠，於是，他從眾多的來信中，選了一篇批評的信《我失望了》，推荐在《北京晚報》上刊登。他的這種誠實態度，和他的探索精神，真是相得益彰，成為他藝術勇氣中不可分離的組成部分。沒有探索，不可能有精湛的藝術；不敢正視批評的意見，畢竟只能造成事業的狹隘與短視。王蒙對於批評意見的坦率，使人想起白居易的「老嫗解詩」，這位江州司馬當然不是要從老嫗口中得到什麼溢美之詞，而是要想聽聽不加諱飾的批評，這在當時，士大夫是不屑為之的，何況白樂天這樣一代風騷，然而他確實做到了，於是最終使他成為唐詩三絕之一。還有那位卓別林的「潛坐聽論」，每當一部新片製成公映的時候，他就悄悄地潛坐在影院的角落裡，聽取觀眾的議論，為了怕人們認出他來，甚至不得不改裝進入電影院，這位蜚聲世界的藝術家，在批評的面前，就是如此地敞開他的心扉！王蒙對於文藝史上的這些軼事，是深得要旨的，他自己的對於批評的態度，也夠得上當代文壇的一段佳話。

無可諱言，王蒙的勇氣在我們當前文壇是顯得缺少的，因而也顯得特別可貴。「天馬行空」這個詞，這些年來聽著令人討厭，

然而魯迅卻說過：「非有天馬行空似的大精神，即無大藝術的產生！」這種大精神，可以說是敢想、敢說、敢闖新路的探索精神，是對於藝術如痴如醉的追求。而粗製濫造、平庸地模仿、趕時髦、隨風轉，和這種大精神則是無法比擬的。當然，藝術的成熟有個過程，倘使不探索，這個過程將永遠只是個過程，永遠不會達到彼岸。可以想見，如果王蒙的勇氣，在我們的隊伍中蔚然成風，文藝的色彩將會更加斑爛，藝術的個性將會更加鮮明！與探索相關連，批評總是少不了的，畏懼批評還談什麼探索。如同作品不可能十全十美一樣，批評也不可能十全十美。只要不是存心的「捧殺」和「罵殺」，就該從中吸取些滋補自己的東西。王蒙把《我失望了》推荐出去，何曾不是企求從中吸取不使人失望的力量，那《我失望了》之中又何曾沒有過激的言詞。棍子、帽子固然可惡，但批評並非都是棍子、帽子。批評家也要努力去探索，使自己從為政治氣候所左右的套套中解脫出來，使批評更加中肯些、尖銳些。

「路漫漫其修遠兮，吾將上下而求索」，這句話對於文藝來說，是再恰當不過了。如果屈老夫子活到了今天，他一定會努力去實踐這句名言。仰慕這位巨人的文藝諸君，在刻苦的探索中去多創造一些無愧於《離騷》、《九歌》的瑰麗篇章吧！

1981.6

琴台雜感

　　琴台，相傳是俞伯牙彈琴的所在，立於武漢漢陽橋頭，我有幸瞻仰了它。游琴台，自然會想到傳說中伯牙高超絕倫的琴藝，不過陽春白雪，誰也說不出個所以然來，因此有人慨嘆曰：「伯牙之琴，何以忽在高之高，忽在流水之深，不傳此曲愁人心。」這實屬多事。「高山流水」早就是人們意念中的絲竹之冠，失傳了並不等於不存在，藝術家們視「高山流水」為嚮往的目標，而努力追求不懈，有何不好。游琴台，自然又會想到俞伯牙和鍾子期的誠摯友誼。不過，鍾子期對俞伯牙的琴藝有哪些獨到的見解，對其妙處作了什麼樣的闡釋，也無從知曉。所以好事者又慨嘆曰：「子期知音，何以知在高山之高，知在流水之深，古無文字直至今。」真有點兒打破沙鍋問到底的味道。藝術這東西，有時只可意會，不可言傳；況且他們之間的友誼，也已成為藝術家評論家之間密切關係的楷模，大可不必非等到發掘出一篇子期論琴之類的文章來才認帳不可。

　　但令人費解的是，鍾子期瘁死之後，俞伯牙何以碎琴相悼，從此結束了可貴的絲竹生涯？難不成藝術家只是為評論家、知音者而演奏、而活著麼！倘若他老人家能生在今世，有如此富麗堂皇的演奏舞台，不必抱琴流落荒野山林，即令子期不在，他也會毫不猶豫地抱琴登台的。倘若他的高妙絕倫的演奏藝術在眾多的聽眾之中確然和者蓋寡，他也一定會重新調一調他的絲弦，去重新覓得他的知音的。不過，要他走穴，他一定會不幹，給他過於

豐厚的出場費，他也是一定會嚴肅地婉謝的，他收下的那一部分，是一定會按章納稅的。

1984.11

看徽劇《潘金蓮》漫議

　　近年來時常聽到關於「戲劇危機」的議論，戲劇界的同志們也一直在爲振興戲劇作不懈的努力。荒誕川劇《潘金蓮》在北京、上海演出的盛況，給略顯蕭條的戲劇舞台帶來了蓬勃的生機。最近，看了省徽劇團移植演出的荒誕川劇《潘金蓮》，作爲一個觀眾十分興奮。這次演出的成功，不只是爲觀眾帶來了一台妙趣橫生、別開生面的好戲，它的意義遠遠超過了《潘金蓮》的本身，而是爲戲劇改革提供了許多具有啓示性的思考。

　　人們對各種門類的藝術都要求具有新意。唯其標新立異，才能各領風騷。所謂新，當然首先是指內容新。《潘金蓮》的成功，不全在於它大膽地衝破了傳統戲劇的程式和格局，更重要的是在內容上的重大突破。潘金蓮的故事經過施耐庵的敷衍描繪，可謂家喻戶曉，如何出新，的確是需要拿出一點高招的。《潘金蓮》的好處是既基本保持了《水滸傳》原來的情節，移情武松，私通西門慶，謀殺親夫武大。但它又塑造了和《水滸傳》有著很大的不同的潘金蓮的藝術形象，使觀眾看到了一個和「淫婦」截然相反的婦女典型，打破了壓抑侮辱婦女的腐朽荒唐的所謂「女禍觀」。這當然是爲「潘金蓮」翻案。爲一個流傳了幾百年的藝術典型翻案，不是一件容易事，要翻得轉，必須翻得準。只有翻得準才能爲觀眾所接受。過去歐陽予倩先生的話劇《潘金蓮》從個性解放、叛逆封建的角度，完全持歌頌態度，雖然其歷史意義不會抹殺，但有矯枉過正之嫌。川劇《潘金蓮》則吸取了《水滸傳》和話劇

《潘金蓮》的合理內核,進行了新的再創造,使之既具有強烈的現代意識,又有深沉的歷史感。劇作者魏明倫說:「如果打一個比方,施耐庵對潘金蓮是俯拍,歐陽老是仰拍,而我則盡力在俯仰之間,該同情的同情,該讚美的讚美,該惋惜的惋惜。目的是引起當代人們的思考。」雖是翻案戲,卻不是兜底翻過來,而是集讚美、同情、惋惜、譴責於一身,這樣不僅有新的意境,而且有思辨的色彩和準確的說服力。潘金蓮既是《水滸傳》中的潘金蓮,又不是《水滸傳》中的潘金蓮,是一個新的藝術形象,所以使觀眾耳目一新。

　　形式上的出新也非常重要。中國戲劇的傳統程式能不能改一改?節奏能不能加快一些?觀眾早有呼聲。所以《潘金蓮》以荒誕的形式出現,可以說是應運而生。舞台上時空倒流,古今中外的歷史人物、藝術形象如武則天、施耐庵、賈寶玉、七品芝麻官、紅娘、安娜·卡列尼娜、呂莎莎、法庭庭長等同時登台,像在舉行一次關於潘金蓮的座談會那樣,各自發表不同的觀點,活躍非凡,意趣盎然。這種反邏輯的各色人等的洋洋大觀,當然不是劇作者的漫無目的的即興之作,而是有其推波助瀾,比一般的單線敘述法、比較法更有效於劇情發展的作用。比如武則天,這位握有最高皇權的女性,是體驗過男女不平等的苦處的,她同情潘金蓮,反對不平等,但她卻無法解救潘金蓮,因為幾千年的傳統道德就是如此,法典昭然,無法翻案,封建思想的統治多麼根深蒂固!現代法庭庭長雖然表示可以解決潘金蓮的問題,這當然是社會主義法制的極大勝利,然而,頑固的封建道德觀念並不因有了新的立法便告絕迹,男尊女卑、買賣婚姻等等至今在社會上依然存在。由潘金蓮而想到現代社會的某些婦女的遭遇,由武則天的皇權在封建宗法面前無能為力,想到封建思想遺毒的深遠,我們

可以更清醒地看到，清理封建主義的思想糟粕是多麼重要。《潘金蓮》的荒誕形式是密切地爲其嚴肅內容服務的，它並沒有使觀衆在荒誕之中撲朔迷離，暈頭轉向。這也是《潘金蓮》的荒誕和西方荒誕戲劇明顯的不同之處。

　　《潘金蓮》打破了觀衆所熟悉的欣賞習慣，給欣賞心理、審美價值帶來了新的沖擊性的因素。這是觀衆心理學的一個進步。省徽劇團在移植演出時，又有了新的招式，以青陽腔爲基調，熔黃梅戲、京劇、越劇、豫劇、俄羅斯民歌、蘇北小調、流行歌曲於一爐，南腔北調，雜然紛呈，既增加了荒誕色彩，又加強了趣味性，無疑是在荒誕川劇基礎上的有益嘗試。我想，中國傳統戲劇只要在不斷革新上多作努力，所謂「戲劇危機」的憂慮是大可不必了！

1986.7

這一瞬如此輝煌

　　這個題目是借用一篇小說裡的一句話，這篇小說已被改編拍成了電視劇，那便是三月四日播放的《遠方來的青海客》。我之所以選用這麼耀眼的一句話做題目來議論一個電視劇，是因為這個電視劇說的是影視圈裡的事，很有些家醜外揚的氣概，所以樂意爲之擴大一點影響。

　　「青海客」不是一個人，而是父子兩代，都是業餘作者，大有不留一點傳世之作死不瞑目的志向。父親侯元，已是鬚髮皆白，垂垂老矣，兒子侯生祿，雖屬年輕力壯，卻也被折騰得進退維谷，一籌莫展。折騰侯生祿的不是別的，而是他和他父親共同編劇的一部電影。但總算有了著落，這部名爲《大漠擒匪記》的片子腳本已被通過定稿，即將付諸拍攝。拿到這個劇本，侯元看著他和他兒子的署名，不禁老淚橫流。爲了實現兩代人的願望，父子兩代農民從遙遠的青海農村來到這個鬧市，兒子住在製片廠改本子，老子則在城裡的工程隊打粗工，掙錢維持兒子的生活和其他花銷，他們千辛萬苦，是對於文學的難以遏制的追求。在無盡的曲折面前，侯生祿望著父親佝僂的背影，不忍他再受磨難，幾次想打退堂鼓，是父親的堅韌，是父親的毅力，是父親的志氣支撐了他，不可動搖的志氣支撐了他。這是中國廣大業餘作者群的艱難寫照。然而，業餘作者的命運是那麼可悲，本來很好的本子被導演一筆勾銷，爲了使自己的作品能被搬上銀幕，侯生祿不得不按照導演，那個不顧一切地鼓吹裸、露、凶、險，不顧一切地只講票房價值

的文化商的指揮棒跳舞，不然，他的作品被搬上銀幕的希望就會成爲泡影。你看那導演是如何說戲的：他要作者把背景放在火葬場的骨灰盒停放處，陰森可怖，在那裡讓女特務和土匪槍擊搏鬥，打得骨灰四處亂飛；他要女演員再裸、再色情些，要極盡勾引之能事。作者不願改，演員不願演，導演便利用他的權力去壓。正是在這樣一股惡濁的潮流之下，銀幕上、螢屏上出現了不少格調低下的醜惡東西，引起許多觀衆的不滿。

不過，侯元這個老業餘作者是有骨氣的，當他翻閱已定稿的劇本時，讀到那些難以入目的字句，他憤怒了，因爲他千辛萬苦所追求的是生活中的美，不是那些鳥七八糟的毒害讀者觀衆的鄙俗之作，他嚴肅地指責他的兒子不該這麼幹，並且毅然將已經打印好的劇本在製片廠的大院裡當衆付之一炬，命令他的兒子如數退回了稿酬。那個劇本燃燒了，火苗往上竄，照著侯元滿是皺紋的臉龐，周圍一片寂靜。他的文學夢結束了。但現實是這樣美好，那火苗升起的瞬間眞的是如此輝煌！

應當贊美這美妙的燃燒，影視諸君不知是否有侯元那般燃燒自己的勇氣！

1990.3

花鼓燈，安徽的驕傲！

花鼓燈，淮河兩岸民俗風情的熱情洋溢的寫照！花鼓燈，淮河兒女豪放粗獷的內心世界的盡情渲洩！花鼓燈，安徽的驕傲，中華民族傳統文化瑰麗的一枝！

花鼓燈會，淮河兒女異彩紛呈的盛大節日，燃燒了多少人的心火，激起了多少人的熱情！誰說中華民族的傳統文化只是一片空白？請他來珠城蚌埠走一走，請他看一看涂山、荊山，請他飲一掬淮河之水，請他趕一次禹王廟會，請他看一看「踩街」，那種把中華民族幾千年文化傳統說得一無是處的胡言亂語，便會不攻自破，那種虛無主義的心態便會感到羞愧。每一個中華兒女都是在中華民族優秀文化中孕育成長，否定了優秀的傳統文化，也就無異於否定了我們自己。安徽花鼓燈，作為淮河流域獨具特色的地域文化結晶，來自民間，根植於民間，源遠流長，充滿著旺盛的生命力和蓬勃向上的生機。幾百年前，淮河兩岸人民為表達對五穀豐登，對自己勞動成果的慶賀之意，為祈求國泰民安，常用各色彩紙扎成各種穀物彩燈，敲著高亢激越、節奏鮮明的鑼鼓，載歌載舞，熱鬧非凡。這種花鼓燈文化形式，經過不斷提煉發展，充實創新，日益完善成熟，成為群眾廣場自娛性的一套固有文化形式流傳下來，「鼓架子」、「蘭花」是人們所熱愛所熟知的角色，「大花場」、「小花場」、「搶板凳」、「丑鼓」又是那樣的五彩繽紛，置身其中，不容你不心情激蕩。《摸花轎》、《玩燈人的婚禮》、《花鼓燈鑼鼓》、《歡騰的鼓鄉》等優秀節目，

更是那樣使淮河兒女如痴如醉。

　　參加一次安徽花鼓燈會吧，你將會切身地體會到生命力的頑強搏動，你將會領略到熱血是如此地奔湧，你將會對大地懷有無限的情思，你將會對群衆的創造力，對光明的未來充滿百倍的信心。這便是優秀傳統文化的熱力之所在，這便是爲什麼要舉辦如此規模宏大的安徽花鼓燈會。

　　不同國家的傳統文化正在滙成一個世界性的文化海洋。

　　越是民族的，便越是世界的。弘揚中華民族的傳統文化，決不等於文化的自我封閉，中國傳統文化要向世界文化注入營養，也要從世界文化中吸取營養，花鼓燈會迎來了那麼多的國外友人，必將譜寫出花鼓燈新的篇章！

　　祝安徽花鼓燈以更新的風彩、更新的節奏出現在世界面前！

1990.5

幽禁三年說明了什麼

幽禁三年才公演，《菊豆》是典型的出口轉內銷，看罷《菊豆》，我再三思考，實在想不出幽禁《菊豆》的原因。其實，對中國文學史稍有常識，便會知道，類似《菊豆》反映中國殘酷摧殘人性的題材，三十年代就曾有過，如曹禺先生的《雷雨》。《雷雨》是文學史認定了的名著，無人否定也否定不了。而《菊豆》卻遭幽禁，實在有些不公平。

中國人怕性，怕露怕裸，幽禁《菊豆》或許和性和露和裸有關係，我終於想到了這一點，如果沒有看過《菊豆》，以此作理由來宣布不准上演，可能還有點說服力。然而走出影院一想，《菊豆》並不存在這方面的什麼明顯問題，雖然影片從頭至尾都是描寫菊豆和天青之間的私情，但完全是揭露舊中國舊禮教對人性的摧殘，而並非對性的渲洩，是很含蓄很有分寸的，是充分考慮到了中國國情的，放映廳裡觀眾的情緒也能看出這一點，至於電影畫面上曾出現過稍裸稍露一點的鏡頭，也完全是爲了劇情發展的需要，無傷大雅。

《菊豆》整個基調是壓抑的，但它使我們又一次看清了封建禮教對人性的摧殘多麼殘忍，它也使我們聯想到，解放思想的任務多麼艱巨，朝前邁一步多麼不容易，如果說菊豆的意識裡因不堪重壓，渴望解放的成份多一點，但也只是多一點而已，並沒有什麼實際的步驟。比較起來，楊天青更是混沌日子混沌過，不但沒有追求新生活的勇氣，倒是維護封建道統時卻很鮮明，他在靈

前打了菊豆一巴掌是他內心深處潛意識的眞實流露。中國的社會便是在這樣的氛圍中一步一步向前的，這樣的重負給中國前進的步子以多麼滯重的障礙。看《菊豆》聯想到現實，聯想到解放思想，聯想到換換腦子，使人感到多麼緊迫，多麼必要，又多麼艱巨複雜，由此看來，《菊豆》不只是有它對舊社會吃人禮教的認識意義，對現實生活也有觀照作用，至於藝術手法上的洗練、凝重、強烈，鞏俐、李保田的精彩表演，行家們已有不少評論，爲國內電影藝術的發展，無疑有借鑒作用。

　　對於這樣的一部影片，禁演卻達三年之久，內部原因大衆是不知道的。但我想到前不久還流行的一種說法，說文藝界不存在反「左」的任務，言下之意，文藝界似乎仍是防右反右。到底反什麼防什麼，自然要從實際出發，有什麼不好的東西便反什麼防什麼，不過從一部《菊豆》，還有《大紅燈籠高高掛》的命運看，說文藝界不存在反「左」的觀點，似乎尚欠考慮。

1992.9

娛樂乎，教育乎！

　　筆者近日讀到一篇權威評論，在論述到文藝的作用時是這樣寫的：「文藝有娛樂、審美、認識、教育等多方面的作用。」並且指出：「由於『左』的思想影響，長期以來，在對文藝功能、文藝目的和文藝標準的認識上，存在著片面性。」

　　過去的教科書，在談到文藝的作用或社會功能時，只講三條：審美作用、認識作用、教育作用，而且常常把教育作用強調到不恰當的位置，至於娛樂作用是不講的。這個理論是導致文藝公式化、簡單化、圖解政策的一個重要原因。我想，否定文藝的娛樂作用，誇大文藝的教育作用，是「左」的思想影響在文藝領域的一個突出表現，它使得人們在對於一些文藝現象、一些文藝作品的評判上，產生過許多的分歧，也是一些為讀者、觀衆所喜歡的作品為什麼常常被冷淡、被幽禁的本質原因。

　　現實生活中經常有這樣的事，客人來了請看場電影或請看一場戲，尊貴的客人來了則要安排專場演出，舊社會的皇族、達官、顯貴有喜慶事，要專門請戲班子熱鬧幾天，或唱堂會，現在一些農民家裡有喜慶事，也常常請放一場電影來慶祝，所有這些，無非都是求得一個快樂、吉祥，主旨不是請人到電影院或戲院裡去受教育的，至於個人自己掏腰包看電影看戲進歌廳，則更是希望求得精神上的享受和快樂，不是去花錢接受教育的，這跟去聽政治報告完全不一樣。至於在閱讀或觀看一部作品的過程中，受到這樣那樣的感染啓發，觸發某種激情，顯示出了文藝的教育作用，

那完全是寓教於樂的體現。所以文藝的娛樂作用來得直接些，教育作用來得間接些隱蔽些，如果一部作品毫無情趣、沒有看頭，沒有讀者沒有觀眾，教育作用根本談不上。這些淺顯道理，理論家們過去不是不知道，只是有「左」的東西在那裡聲色俱厲，他們不好講不敢講，一些敢講的人，也因此吃了大虧。文革期間，曾經將文藝問題上的「無害有益」論作為修正主義的文藝觀大加討伐，就是一例。「無害有益」，實際上也就講文藝的娛樂作用，如三年困難時期的喜劇片較多，據說是當時文藝界的領導同志講過話，說老百姓的物質生活很貧乏，吃不飽肚子，讓他們到電影院裡去輕鬆一下，求得一點精神上的快樂吧。這本來是一番為民著想的好意，也符合文藝的自身規則，卻被扣上了嚇人的帽子。

　　文藝要繁榮，文藝要放開，根本的是要按文藝自身的規律辦事，不要把一些不符合文藝自身規律的東西強加給文藝，在這方面，我們是吃過許多虧的。知道吃了虧，在理論上、政策上改過來，就前進了一步。這篇權威評論提出文藝的娛樂作用，而且擺在文藝四大作用之首，是在文藝問題上清理「左」的影響的重要成果，是文藝界和廣大觀眾、讀者的福音。娛樂乎，教育乎，文藝家們自然心中有數，能夠匠心獨運的，讀者、觀眾也自有公論，抄近道往往欲速而不達。

1992.10

《畫魂》是屬於石楠的

　　石楠請了高級律師，要打官司了，這是理所當然的。

　　今年春上，石楠便和我談到關於拍攝電影《畫魂》編劇署名權的問題，很有些憤然，說正在和上影方面交涉，後來又看到上海報紙為石楠抱不平的言論，以為此事可以順利解決了。然而，並非如此簡單，石楠終於只得借助法律，通過對簿公堂來裁定，這在石楠是極不情願的。因為她確實不願意耗費那麼多精力，她還有許多寫作計劃，何況她是那樣的忠厚寬容，處世總是取息事寧人的態度，哪裡想到打什麼官司。但是不打官司不行，不然公理何存？石楠的正當權益如何能得到尊重！

　　自從當年《清明》雜誌發表《張玉良傳》，到後來人民文學出版社出版在《張玉良傳》基礎上略事增刪的《畫魂》，在讀者中引起了震動，石楠也成了一位受到人們尊重的作家，她所享有的著作權是毋庸置疑的，由《畫魂》而改編成的舞台劇本和其他樣式的文藝作品，也總是和石楠的名字連在一起的。然而這一次卻很奇怪，明明是石楠自己動手將自己寫的小說《畫魂》改編成電影文學劇本《畫魂》；明明是上影廠主動要拍《畫魂》，而且在簽訂合同時同意只署石楠一人編劇，後來雖然石楠為了讓《畫魂》能較為順利地搬上銀幕作了某些讓步，但在第一作者署名問題上從未動搖過，由上海文化發展基金會和上海電影製片廠聯合頒發的關於《女畫家潘玉良》獲三等獎的獎狀上也赫然將石楠的名字寫在第一。所有這一切都表明，不管由哪個廠家、哪位導演、

用什麼樣的外滙來拍攝《畫魂》，也不管二度創作在原著的基礎
上作了何等的加工，石楠的名字是無法從第一編劇中抹去的。如
果抹去了，便違背了最基本的事實；如果抹去了，讀者和觀衆都
不會接受；如果抹去了，便是一種明目張膽的侵權行爲！然而，
人們認爲不會發生的事居然發生了，關於《畫魂》搬上銀幕的熱
鬧新聞媒介中，編劇石楠消失了，石楠似乎與《畫魂》無關，《
畫魂》的編劇似乎只是另一撥子人。石楠的憤怒是必然的，贊成
並支持石楠打官司也是必然的。

　　或許有人說，新聞媒介中未提到石楠並不等於《畫魂》搬上
銀幕時就一定不署石楠的名字。這當然是極善良的說法。但應當
注意到，不能把新聞報導中不提石楠編劇而只提別的什麼人編劇
看作是新聞記者們的疏忽，誰知是不是放的一個氣球呢？如果石
楠沉默了，息事寧人了，等到將來一切都成爲既成事實，再來討
論這個問題就更傷感情也就更「馬後炮」了。

　　在我們這個法制不很健全的國家，版權、著作權向來不大被
尊重。想當年，一個作者的名字被隨意從一部影片、一部書籍中
刪去，是「階級鬥爭」的需要；現在雖然頒布了《著作權法》，
執行起來卻不怎麼習慣，某些掌握了拍攝權和編輯、出版權的先
生女士們，稍微動了動手，甚至一點勞動都沒付出，便無所顧忌
地將自己的名字署上去，只顧個人的名利，完全不顧職業道德，
更談不上編輯行當裡那種「樂爲別人做嫁衣裳」的奉獻精神，這
不能說不是對文明的一種褻瀆。

　　《張玉良傳》從一誕生便不怎麼順利，當年讀者雖然極歡迎，
文藝界雖然極重視，但大人先生們聽信這樣的說法，那樣的說法，
而不顧作品本身的思想藝術價值，就企圖將它打入冷宮。然而讀
者是不會忘記一部好的作品的，由《張玉良傳》的發表到《畫魂》

的出版，產生了更爲廣泛的影響。當年石楠曾苦惱過，現在石楠
又爲《畫魂》的署名權而有些苦惱，相信她這一次的苦惱不會有
什麼壓抑，而是下定決心去打官司，因爲這一次不但有衆多的讀
者和觀衆支持她，還有《著作權法》支持保護她。她一定能勝訴。
《畫魂》是屬於石楠的！

1992.11

文化的羞澀

　　企業文化的興盛，論及企業文化的書刊報紙等載體媒體的出現，不由得使人想到中國傳統意義上的文化的羞澀。

　　中國傳統文化源遠流長、多彩多姿、舉世無雙，這是毋庸疑義的，但中國文化由於過分地獨樹一幟、過分地強調自己的個性，因而也便和它自身周圍密切相關的氛圍缺少一種協調的和諧，有點兒孤芳自賞或孤高自傲。這雖然無損於中國文化在世界文化史上無可辯駁的最佳地位，但卻也歷史悠久地給中國的玩文化的人帶來了某些不應有的悲哀和尷尬。「百無一用是書生」，一提到讀書人，立即使人想到手無縛雞之力，「秀才造反，三年不成」，讀了書，精通掌握了經史百家孔孟之道，反而被認為是不會有什麼作為的書呆子，即使能教教塾館，也是窮酸潦倒得令人發噱，傳統劇目裡嘲弄教書先生的形象塑造得既生動又逼真，至於魯迅先生筆下的孔乙己，則只好於窮途末路以大談「回」字的幾種寫法為樂趣。總之，舉世景仰的中國文化和中國讀書人的寒微地位在實際評判中的反差是顯而易見的。也應當肯定，這種反差不是舊中國的絕大多數文盲有意與少數讀書人過不去，而是由文化自身的價值取向所決定的。這便不得不使我們來思考一下中國傳統文化的弊端。

　　我不是虛無主義者，我非常崇敬我們老祖宗的那些精美絕倫的論述，我對於詩、書、畫別有偏愛，但我由古及今地對腐儒、窮酸到「臭老九」們思索一番之後，也不得不作出這樣的痛苦認

同：中國文化也的確害了一些人，這不光是科舉制、八股文，而在於中國文化過份地追求意識性和欣賞性，而忽略了文化的操作應用價值，私塾沒有數學、化學、物理等課程，那是洋學堂的事，即使是皓首窮經的大儒，也只能用他的陰陽八卦等來解釋氣候的陰晴明晦雨雪雷電和時序的變化，我們的歷史上雖然有過幾位大科學家和四大發明的榮耀，但絕大多數中國人還是一切認命、認神靈，改造山河、改造自然、追蹤科技，只是近來的事，這對於中國悠久文化是絕大的嘲諷，文化與文明是這樣的背道而馳。

　　或許諸君認為我講的這些都是歷史，文化的羞澀的時代已經過去了。不，愈是文明愈是進步，歷史的滯後陳迹便愈是鮮明清楚地顯露了出來。因此企業文化得到時代的認可，是文明的必然，是應運而生。我們辛辛苦苦培養出來的一些人才為什麼得不到重視，知識分子為什麼日子過得比賣烤山芋者更艱難，科技成果為什麼不能迅速得到推廣應用，超導專家、澳星發射有功人員的獎金為什麼不足以購買一張舞票，其原因固然有體制上的，但中國傳統文化積澱的影響也不可忽視，這一切都有賴於企業文化來作出新的突破。由此也應當這樣去認定新興的企業文化，它不只是幾個詞組所概括的企業精神，也不只是講產品質量講企業道德講企業信譽，更不只是企業人際關係的和睦團結文明禮貌，實質在於由此而更好地將文化轉化為財富，將高新科技轉化為生產力，扭轉中國傳統文化缺少務實的局限，更切合實際地摒棄文化中之乎者也的清談。

　　有人認為，文化的羞澀是因為作家、記者、文藝團體圍繞著企業家的喜怒哀樂而逢迎，然後從企業家的錢袋裡掏出幾個。我想這只是表象，這不是羞澀的實質。如果因此而接軌，文化與企業有機地結合起來，企業家們為了企業的繁榮發達進步，不得不

求助於文化，不得不掏出他的錢，文化羞澀的時代也就消逝了。所以，我可以自信地認定，提出文化羞澀的這個命題，與虛無主義土與新的讀書無用論是截然沒有聯繫的。

1993.2

遊了兩座樓　讀了兩首詩

　　中國的名樓很多，可我只遊了兩座樓：昆明的大觀樓和馬鞍山的太白樓。那一年去武漢，也曾擠出時間去遊黃鶴樓，然而那時黃鶴樓正在裝修，謝絕接待所有遊客，只得面對滾滾長江，幻出黃鶴騰空翩然而去的遼闊意象。

　　大凡名勝，總是和文化淵源渾為一體的，古人曰：言之無文，行之不遠。其實樓之無文，也會行之不遠的，天下如大觀樓、太白樓者無數計，為何獨獨此二樓引得國內外遊人如痴如醉，大觀樓因有孫髯翁所撰一百八十字的天下第一長聯，太白樓則因和唐代詩仙李白的名字聯在一起。我遊這兩座樓，除領略能工巧匠的鬼斧神工外，古今文化景觀印入頭腦也十分深刻，常常引出一些感慨來。

　　前年暮春時節我去昆明，登上大觀樓的三層時，恰當正午，陽光明麗，春風吹拂，八百里滇池盡收眼底，波光鱗鱗，遊船點點，如同置身於仙境。從大觀樓三層正南的一個窗戶眺望西山，蒼翠起伏，碧黛迷濛，令人遐想。導遊問我：「你看這山像什麼？」我一時答不出來。「可像睡美人？」我一看，果然像極了，那秀媚的眉眼，那分明的鼻唇，那隆起的胸脯，那似靜欲動的裙裾……還有那眉眼之後沿著滇池飄洒的一青如黛的西山餘脈又該是什麼呢？啊，那是美人的如雲的絲髮，好像在滇池裡剛剛洗過一樣。這位美人是不是趁著這美好的春光，睡在滇池之濱，讓春風讓春光將她剛漂洗過的青線撫弄乾爽呢？不是的。她原是湖中的龍女，

悄悄地愛上了湖上打魚的年輕漁民，龍王得知後勃然大怒，掀起狂風惡浪打翻了漁船，龍女去救助漁民，立即被龍王用魔法將她壓在湖邊的西山之下，所以西山又別稱「睡美人山」。多麼美好的山名，多麼哀怨的傳說。湖光山色雖然令人心曠神怡，然而剛剛讀過的郭沫若先生大觀樓的一首題詩，又不禁使人戚然，詩曰：「果然一大觀，山水喚憑欄。睡佛雲中逸，滇池海樣寬。長聯猶在壁，巨筆信如椽。我　亦被襟久，雄心溢兩間。」明明是一睡美人，郭老不是看不出，這傳說，這西山的別稱，郭老當然也十分清楚，他為什麼把這睡美人稱為「睡佛」稱為女菩薩呢？我再一看題詩的時間，啊，「一九六一年」，這山這水這樓也染上了如此激烈的色彩，真是不堪回首。面對這秀美的湖光山色和神奇的傳說，詩人不能直抒胸臆，那該是多麼的苦澀！

　　當我為郭老於大觀樓題詩抑鬱未消時，我又來到了太白樓，面對滾滾長江，默誦李白那些奇麗的章句，頓覺襟懷開闊了許多。我和同遊的友人們一起品味著議論著，沉浸於眼前的壯美和歷史的幽遠之中，然而懸掛於正廳的郭老題詩又使我一下子如墜五里霧中，說不出話來。郭老詩曰：「我來採石磯，徐登太白樓。吾蜀李青蓮，舉杯猶在手。遙對江心洲，似思大曲酒。贈君三百斗，成詩三萬首。紅旗遍地紅，光輝彌宇宙。」我凝視這題詩久久不能移動，郭老和李白有多麼相似的飄逸的詩人氣質，難怪他親切地稱李白為「吾蜀李青蓮」，詩的前八句寫得多麼瀟灑，多麼動人，多麼富於想象，「贈君三百斗，成詩三萬首」，把郭老的豪邁和李白的豪邁多麼形象地刻劃出來了。這詩如果到此為止，不失為絕唱，這一點我想郭老自己也是十分清楚的，他也一定為他的題詩的前八句而高興，然而他不能就此打住，還是加上了「紅旗遍地紅，光輝彌宇宙」這樣兩句，這「紅旗」、「光輝」等等，

美好則美好，但於這太白樓、於李白，不知有什麼內在聯繫因由，在我看來，倒是那「大曲酒」和李白和這樓這景的聯繫更爲緊密，更能溶爲一體的。我想郭老在他的詩後綴上兩句不相干的話完全是不得已而爲之，他當時的內心活動一定是難以言表的，一定是十分無奈的，一看那題詩的時間「一九六四年五月五日」，你便能清楚地理解郭老當時的心境。

行萬里路，讀萬卷書，徜徉於美好的大自然之中，是一種難得的享受。如果人在大自然中，在那些美妙的湖光山色之中，在歷史和現實交溶的意境之中，不能自由地抒發自己的情懷，內心的感慨又當如何？是苦是澀，是無可奈何，是抑鬱難平？我想兼而有之。倘若如此，遊興何在？樂趣何在？山水之情何在？歷史翻過了一頁又一頁，像那樣不如人意的情景是不會再發生的，郭老如能再遊這兩座樓，是定然會有新的俊彩紛呈的華章的。

1993.4

別一個虞姬

　　傳統的虞姬是個什麼樣子？除了她的美麗之外，便是柔順，恪守婦道，嫁雞隨雞，嫁狗隨狗，以死殉節，最近上映的電影《霸王別姬》雖然是講一代名伶在演出這一名劇的漫長歲月裡的各種悲歡苦難遭際，但虞姬仍是那個柔順的虞姬，她反復咏嘆的是：「漢兵已略地，四面楚歌聲，大王意氣盡，賤妾何聊生！」項羽死後她終於自刎而亡。傳說靈壁有她的墓，至今仍是一處景觀。又傳統懷遠也有她的墓地，她是身首異葬的。

　　虞姬自刎之後，有不少詩詞爲她吟唱，大抵都是些感喟之作，唯南宋詩人姜夔的一首《虞美人》別具一格，塑造了一個獨具性格風彩的虞姬形象，全詩五言八句，頗有民歌風調：「夜闌浩歌起，玉帳生悲風。江東可千里，棄妾蓬蒿中。化石哪解語，作草猶可舞。陌上望騅來，翻然不相顧。」相傳虞姬死後，她的墓地曾長出一種草，花朵艷麗，只要一聽有人唱《虞美人曲》，它便枝葉搖動，彷彿應拍起舞，因之便稱爲「虞美人草」，不知靈壁虞姬墓周圍是否有這種草？前幾年我在西雙版納熱帶植物園見過一種草，一放音樂它便婀娜搖曳，很像跳舞的樣子，很遺憾，它不叫「虞美人草」，而被稱之爲「跳舞草」。這「跳舞草」的命名比「虞美人草」的命名遜色多了，沒有一點風采。姜夔的這首詩以擬人的手法，賦予虞姬以叛逆的性格光彩，從傳統的柔順的婦道中解脫了出來。當項羽在重圍中哀嘆：「虞兮虞兮奈若何」時，姬虞不是唏噓應以「賤妾何聊生」，不是表示以死相隨，而

是不無慍怒地責問：「江東可千里」，爲什麼要「棄妾蓬蒿中」，爲什麼沒早作安置。接著她想到的是，求生已不可能，但死也有自己的死法，她不願化作傳統道德中所訓誡贊譽的「望夫石」之類的那種石頭，不願還在冥冥中廝守著項羽，況且化作石頭既不能講話也聽不到別人講話，只是木然立於風雨之中，那是多麼寂寞難耐呀，她寧可化成一棵草，草雖柔弱，但春風吹來，它還可以隨風起舞啊，那比化作石頭是多一些樂趣的，可見虞姬對生的渴望，對生活的渴望，全然不是什麼死而無憾。一旦化作草以後，即令生長在最不起眼的路旁阡陌，即令你項羽那時死而復生，騎著你的烏騅馬威風凜凜地走過來了，我也只是在輕風中搖動我的舞步，是再也不會看你一眼的。「陌上望騅來，翻然不相顧。」可見虞姬的胸中有著對項羽的怨恨與嘲諷，也或許她所理解的她與項羽之間的緣份僅此而已。這與李商隱的名篇《馬嵬》有異曲同工之妙，「如何四紀爲天子，不及盧家有莫愁」，不也是冷峻的詰問與嘲諷麼？爲什麼當了四十多年皇帝的唐玄宗還不及一個普通百姓，怎麼保不住自己的妻子呢？看來姜白石與李義山同樣有著站在女性立場上的強烈女權思想。有的姜夔詩詞校注本，將「翻然不相顧」誤爲「翻愁不相顧」，於音律和詩意都是不相符的，至於將「翻然不相顧」解釋爲「盼望項羽從大路上乘馬而來」，那便更讓人匪夷所思了。

　　讀到姜夔的這首詩是幾年前的事了，當時便很有些感慨，即令刻意求新的文學藝術，要想衝出傳統的窠臼，也多麼的不容易，寫虞姬的詩雖很多，出類拔萃者卻寥寥可數，因而感到這首詩的特別可貴。另一個原因是，姜夔雖不是安徽人（他是江西波陽人），但他對合肥很有感情，他於光宗紹熙初年流寓合肥，在赤闌橋以西（即今長江飯店以南八中一帶）安家，很住了些時候，在合肥

有他的朋友和戀人，他離去後寫了不少懷念故人和故居的詩。所以看過電影《霸王別姬》之後，很自然地想到了這位很有才情和懷才不遇的詩人，很自然地想到了他的《虞美人草》，也十分贊賞他在詩中所塑造的別具一格的虞姬形象。

1993.10

文化值多少錢？

　　文化值多少錢？誰也說不清楚，更說不準。一般人都知道，科學技術值很多錢，電的發明、蒸汽機的發明、火箭升空、衛星在宇宙遨遊、原子彈爆炸、還有中國的四大發明等等，改變了整個世界的面貌，使人類文明進入到嶄新的領域，其價值是無可估量的。科學技術當然包括在廣義的文化之中。撇開科學技術來談論其他更軟一點的文化值多少錢，如一篇文章、一首詩、一部小說、一部電影、一幅畫或一篇新聞通訊的價值，一些人則不甚了了。鄉里的許多農民，世代為衣食所累，只認稻梁麥菽，更不懂得文化的價值，以為念書不念書，識字不識字無所謂。一些開明的鄉里人，送子弟上學，也只是為了記個毛帳，能寫契約，能打條子，寫封簡單的信，至於其他更高層一點的想法，則說不出來。

　　「書中自有黃金屋」，是講讀書人金榜題名，做了官之後，便有享不盡的富貴榮華，是「讀書做官論」、權錢交易的典型說法，於文化值多少錢這個議題又繞了一個彎子。曾經遭到過批判的「一本書主義」，講的是出名、一版再版地吃稿酬，畢竟是與個人密切相關的價值，文化能為社會創造多少財富則未涉及。倒是古代的武則天將文章與它所產生的社會價值緊密地聯繫起來了，她在讀了駱賓王寫的《代李敬業傳檄天下文》之後說了一句話：「宰相安得真此人！」雖然不是直接講錢，雖然駱賓王是她的政敵，但言詞之中卻盛贊了文章的巨大力量。

　　我自己對於文化價值的認識，也極膚淺，但文化的精神價值，

它的審美、欣賞、娛樂、陶冶作用還是知道的。然而「百無一用是書生」的說法使我長期十分困惑，除了轉個彎承認精神變物質之外，是不敢將文化與錢直接聯繫起來的。前不久，我有機會去看了江南三大名樓：滕王閣、黃鶴樓、岳陽樓，使我有了一些新的想法。滕王閣、黃鶴樓的門票是十元一張，岳陽樓略低一點，每天從早到晚國內的國外的，慕名專程而來的，因公順道的，遊人不斷，還加上遊覽時的其他消費，可見這樓、這閣值不少錢，而且一直要連綿不斷地創收下去，數額無可估量。但如果在別的什麼地方再蓋一座樓，能否如此呢？那怕是要打一個大大的問號，因為滕王閣有王勃寫的《滕王閣序》，黃鶴樓有崔灝的詩，岳陽樓有范仲淹寫的《岳陽樓記》，樓以文傳，只是有了這千古不朽的詩文，才有這樓、這閣的巨額價值。再以滕王閣為例，唐太宗李世民之弟滕王李元嬰於公元六五三年創建滕王閣，是作為「宴飲歌舞，狎昵廝養」之地，李元嬰本人官聲也不好，弄得這滕王閣也漸漸地寂寥了，只是在建樓二十二年之後即公元六七五年，一個偶然的機會，王勃寫了《滕王閣序》，才名聲大振起來。可見滕王閣的價值關鍵在於王勃這篇不足千字的文章，可見科學技術之外的文化如文章等等的價值也大得嚇人，有時並不亞於原子彈。這當然指的是極有盛譽的文化。我本人在一個雜誌社工作，每月的刊物要登一些致富信息，幾百字、幾十字一條，想不到這些短文也有意想不到的功力，經常收到來信說某條某條信息使一個村使某某人致富了等等。讀到這些來信，編輯部同仁都興奮不已。

　　與世界許多事物一樣，文化的價值也有負的一面，消極沒落、腐朽庸俗的文化，不但沒有價值，還毒害人們的靈魂，危害不可低估。弘揚文化主旋律，目的正在於使文化更好地實現其自身的

價值，不僅有好的社會效益，還要有好的經濟效益。

　　時下炒得最熱的是錢，讀書、做學問、寫文章被一些人看作是迂腐之舉，文化被不同程度地淡漠了，究其原因，就是以爲文化不值錢。其實文化是值錢的，而且值很多錢──那當然指的是眞正的文化、富有民族精神、時代精神的文化。因此，在致力於發展經濟、致力於奔小康的同時，切不可忘記發展文化，切不可忽略提高你我他的文化素質。不然，即令發了財，有了錢，那錢也是會變味的。

1993.11

新春讀《春生》

又一個春天來到了，春天總是誘發人的遐想，於是我想到了唐代大詩人白居易的一首詩《春生》，這首詩不像《長恨歌》、《琵琶行》和「離離原上草」等名篇那樣廣爲人們所熟知，一些唐詩選本裡也不曾選入，所以得照錄如下：

　　春生何處誩周遊，
　　海角天涯遍始休。
　　先遣和風報消息，
　　續教啼鳥説來由。
　　展張草色長河畔，
　　點綴花房小樹頭。
　　若到故園應覓我，
　　爲傳淪落在江州。

我之所以想到這首詩，是因爲被詩人的非凡想象所深深打動，他在一千多年以前，即以如此傑出的擬人化手法來描繪春天，在我國詩歌史上，或許是最早的。在詩人的筆下，春天的意趣如此輕靈、活潑、跳脫，春天的色彩如此美麗斑爛，在唐詩鼎盛時期很少見，在唐以後的古典格律詩歌創作中也爲數不多。詩的一開頭便以極爲驚喜的筆調告訴人們，春天降臨了，正在由南而北海角天涯地到處周遊，到處都是春光，滿眼都是春色，山山水水充滿著春的氣息。詩人雖然沒有明確地將春比擬成一位聰明美麗的少女，然而這少女的動人形象已分明出現在讀者的面前，這便是

春天的聖潔的使者。輕柔的軟軟的和風是這位少女的先遣者，她要到哪裡，總是讓和風先傳遞消息，向人們宣告春天要來到了的喜訊；婉囀伶俐的百鳥也總是跟隨在她的左右，她走到哪裡，鳥兒便飛到哪裡，面對著美好春光反覆吟唱。這位春天的使者又是非常勤勞的，她之所以到處周遊，是爲了在每一寸土地上都播上春的種子，這種子不是一般的種子，而是使萬物復蘇的種子，於是茵茵綠草在河畔展張開來，美麗的鮮花在枝頭迎著春光閃爍地開放。這便是白居易給我們描繪的春天的生動圖畫，平易明白，不用一典，信手寫來，頗有民歌風味，然而又是那樣地鮮明奇麗，使人一讀再讀而不能忘懷。在我國當代許多詩人的筆下，春天被喻爲「春姑娘」，這位「春姑娘」走到哪裡，哪裡的草便綠，花便開，小鳥便歡快地歌唱，是否受到這首《春生》的啓示呢？也可能古今詩人的詩心本來便是相通的。

　　面對著大好春光，詩人的心緒如何呢？在詩的結尾，詩人寫道：「若到故園應覓我，爲傳淪落在江州」，這是詩人內心抑鬱無奈的眞實寫照。《春生》是《潯陽春三首》的第一首，寫於唐元和12年（公元817年），也就是白居易被貶江州司馬的第三年，在貶這一期間，他完成了和《長恨歌》並稱雙璧的《琵琶行》，還給他的摯友元稹寫了那封在中國文學史上閃耀著不滅的理論光彩的信《與元九書》，從詩歌創作和詩歌理論上奠定了他在中國文學史上的高峰地位。這時他已45歲，他以詩人的襟懷和博達，去消溶仕途的險惡和人世滄桑，心境漸漸地趨於平靜淡泊，他於元和11年（公元816年）寫完《琵琶行》之後，便萌生了一個想法，即仿效陶淵明「或擬廬山下，來春結草堂」，以便過起歸隱的生活。第二年的春三月，草堂在詩人的悉心籌劃下落成，他很高興，不時往來於潯陽和廬山兩地，「左手攜一壺，右手挈五弦」，

和一些隱士、詩人、佛僧等訪古、談禪、圍棋、唱詩，怡然自得，
他以「匡廬便是逃名地，司馬仍為送老官」相自慰，然而「兼濟
天下」的信念又時時在激勵著他，使他不能平靜，他想到朝廷「宦
官進而為相」，已不像盛唐時期那樣尊重文化和文化人，他的
友人元稹、柳宗元、劉禹錫等，盡管才華橫絕一時，還是鬱鬱不
能得志，官職一貶再貶，不容在京師有棲身之地，更談不上參政
議政了，「文起八代之衰」的韓愈處境也不太妙，他自己更是遭
到無端的誣陷與攻擊，貶逐在江州已經三年，仍是「可憐白司馬，
老大在湓城」，毫無起用的消息，想到這一切，他便憤憤不平，
但又無可奈何，唯有以「江州司馬青衫濕」的吟唱來表達他的淪
落之恨了。但在這首《春生》裡，詩人卻以一種獨特委婉的藝術
方式來抒發他的無可解脫的憂鬱和愁緒，但他堅信他一輩子為老
百姓吟唱，他的詩老嫗能解、巷里可聞，老百姓是會記住他的，
特別是他家鄉的父老鄉親，對他更是一刻也不能忘懷，理解他關
心他呵護他，一定在到處打聽他的下落，關注他的處境，於是他
誠摯地托付被他擬人化了的「春天」：你若周遊到了我的故鄉，
我的鄉親們一定要向你詢問我的境況，那麼你就直率地告訴他們，
說我正在江州受苦又罪呢！讀《春生》的後兩句，尤為使人動情，
十分感慨。我曾想，白居易在寫這後兩句時，是否和淚而作？但
我又想，白居易乃一代曠達詩才，他寄情於山水，視詩為生命，
對現實和未來都充滿著熱切的希望，他何曾為一己之得而欣欣，
又何曾為一己之失而戚戚呢！不過，我還以為，白居易是應當淚
雨滂沱的，你看，他聽琵琶女訴說孤苦身世即「青衫濕」，他對
故鄉父老又是如此孩童般的赤誠，他的感情世界是十分豐富的，
他在寫完「淪落」一句後，是會面對孤燈唏噓不已的。然而我又
想到，對於一個有貢獻的詩人，推而廣之，對於所有的學有所成，

對社會有益的文化人，是沒有理由使他們處於一種尷尬和窘迫的境地的。

1998.2

尋找生活的主旋律

有一幅漫畫，畫的是一個「尋根考察組」帶著紙筆和放大鏡，拽住一條細長無比的辮子，在纖細的毫髮間煞有介事地「尋根」。那細長的辮子是從一個既不像遺老、也不像遺少，而倒像是從一個潑皮無賴的腦殼上拖下來的。你看他跂著鞋、拿著旱烟袋，嘴裡還在不乾不淨地叫罵：「媽媽的，誰在後面搗蛋！」這幅漫畫的諷刺意義耐人尋味。

「尋根」是文學提出來的，很是熱了一陣子，有幾篇被冠以「尋根文學」的作品，也的確頗具功力。如果是從追溯並繼承具有民族風格、民族氣派的文化傳統的角度去理解，「尋根」當然無可非議，只不過是在新詞潮湧的旋渦裡又添一個新詞罷了。然而「尋根」所尋找的對象和目的，似不在於此，如上述漫畫所顯示的，尋根家們所辛苦忙碌的只是在細長的辮子間去找一兩只鮮活蹦躍的跳蚤或積澱彌久的塵垢，於是那尋根熱也便很有些倒胃口了。遠古蠻荒、原始愚昧、淫蕩亂倫，在一些作者看來，便是他們所要尋找的「根」。《亮出你的舌苔或空空蕩蕩》雖是以探索小說為名義，似也充滿著「尋根」的味兒。當然那貨色只是潑向文學的髒污，絕對說明不了「尋根」文學或「探索文學」的全部。倘若要問「尋根」的目的何在，是弘揚祖國文化，還是振奮民族精神？尋根者可能要嗤之以鼻：尋根便是尋根，何來什麼目的！

沒有什麼目的，這也是一種時髦，有人便倡導「文學不是什

麼」。一提出非議，便振振有詞：西方人是這麼主張的，一團色
塊、一根線條，便是一幅無與倫比的繪畫「佳作」，若要問這表
現了什麼，答曰：你認爲它表現什麼，它便表現了什麼。總之是
越糊塗越高明。西方藝術中有許多好的值得借鑒的東西，可以爲
我所用，但西方藝術決非一切都好，這是人所共知的常識。我們
的「根」，我們的老祖宗是一向主張文學有其目的的：「詩言志」、
「詩三百篇，一言以蔽之，曰思無邪」，「詩可以興，可以觀，
可以群，可以怨」，都講的是文學的目的與作用，這些講法所包
含的內容或許不一定都對，不一定恪守不渝，但文學是有其目的，
文學並非不是什麼，這卻是確定無疑的，不然苦苦「尋根」豈不
等於盲然無緒的白廢。

　　文學需要探索、需要尋找、需要追求，不然則無以創新，文
學也就沒有生命。重要的是尋找什麼，創什麼新。有的把「遠」、
「淡」、「怪」視爲創新，以爲遠離現實，以爲盡量淡化作品的
社會意義，以爲編造得詭譎離奇，就是好作品。一時間，遠離人
間煙火的人與狗、人與狐、人與狼、人與熊的故事多起來了，遠
離現實的所謂「人的內心秘密」被一些作品反覆玩味，盡量淡化、
飄逸、空靈，文學的現實意義常常被視之爲「庸俗社會學」。「
怪」和刺激則是連在一起的，除有了活剝人皮的全過程的細膩殘
酷的描寫外，動物性的肉慾的刻畫則越來越多地出現，連以小小
年紀的中學生爲描寫對象的作品，也充溢著性的刺激。總之，是
盡量回避生活的主旋律，雖然大家都知道和現實生活貼得越近的
便越是受到歡迎的，曾經有過《新星》和《凱旋在子夜》熱，這
都是極好的例證，但《新星》和《凱旋在子夜》，畢竟太少了。
有一種說法叫做「噴湧後的疲勞」，說是在那文學被扼殺殆盡的
年代，人們對現實冷峻地觀察、苦苦地思考，一旦明媚的春天的

到來，豐厚的生活積累泉湧而出，文學也便豐富多姿。現在那積累起來的生活層噴湧得差不多了，文學也有些疲勞了，不那麼精神了。這當然反映了一種現象，但卻不是規律，規律還是那老生常談的話題，文學根植於現實之中，只要找到了生活的主旋律，手中的筆才不會疲勞，胸中的泉才會噴湧不息。文學應當永不疲倦地尋尋找找生活的主旋律——這才是文學的根。

1987.3

張揚文學的陽剛之氣

　　文學是講究氣的，即所謂神韻、氣韻、風骨、氣勢等等，魏晉風度講的是氣，建安文學倡導的也是氣。氣有陽剛之氣和陰柔之氣，陽剛之氣具有陽剛之美，陰柔之氣具有陰柔之美，二者並存，剛柔相濟，成爲一個美的和諧的整體。

　　陽剛和陰柔往往是互相滲透，渾爲一體的。「無情未必眞豪傑，憐子如何不丈夫」，便是陽剛和陰柔的相輔相成。就一篇具體作品而言，無論言志、緣情；亦無論興、觀、群、怨，或充溢著陽剛之氣，或透露出陰柔之美，但這只是就其主體而言，而並非絕對的，陽剛和陰柔都是一種文學美，都值得稱道，都會受到讀者的歡迎。然而，作爲一種文學現象，如果陽剛和陰柔失衡，讀者便會感到乏味感到厭煩。近一個時期，影視屏幕上的一些反映二戰時期的作品，受到觀衆的好評，這些作品雖然都是一些老作品，但許多觀衆仍覺耳目一新，認爲這些作品洋溢著陽剛之氣，和當前那些無病呻吟、哀怨作態的無聊之作，形成鮮明的對照。於是，使人想到我們的文學可能是陽剛之氣少了一些，而稱不上有陽剛之氣的那一部分，如時髦過一陣子的「侃文學」，也很難說有什麼陰柔之美，有人說它們屬於玩世不恭，有人說那是流氣或氓氣，雖然很難認定，但那些過眼烟雲式的蕪雜，足以對文學造成一種污染則是無疑的。

　　或許有人要說，陽剛之氣不就是那種野性，不就是那種回歸自然麼？野性有野性之美，回歸自然有回歸自然的妙處，但野性和回歸自然決非動物性，決非那種遠離現代文明的原始屬性，而

是一種人間的正氣、骨氣、豪邁之氣。以抗日戰爭爲題材的一批電影，其陽剛之氣，正表現出它們所高揚的是民族精神、奮鬥精神、忘我精神，所以至今仍然鼓舞人心。但決不能把陽剛之氣理解爲戰爭題材的作品所獨有，更不能簡單地理解爲滿紙衝殺、你爭我鬥，它是作品給予讀者的一種氛圍，這種氛圍應是開朗、豪放、朝氣蓬勃、充滿活力的，令人回腸蕩氣的，所謂「登山則情滿於山，觀海則意溢於海」是也，和陰柔之氣的那種嫵媚、柔順、雋永比較起來，有一種氣勢奪人的氣概。余秋雨先生的文化歷史散文便具有這種鮮明的氣質，如實地說，具有這種氣質的作品，當前確乎太少了，與我們這個時代氛圍顯得有些不協調。

陽剛之氣少了，並不等於具有陰柔之美的作品很出色。陰柔、婉約是非美好豐富的情愫，是人的內心世界深層次的展現，不是那種病態的憂鬱和故作姿態的多愁善感。許多評論家早已指出，近一個時期，一些作品已漸次地滑入媚俗一途，漸次地喪失文學所應有的獨特品格，這是值得思索反省的。

文學之氣源於何處？源於作家的筆端，源於作家的心態、精神。同樣的風花雪月，「大風起兮雲飛揚」，何等席捲一切的氣概；「落紅不是無情物，化作春泥更護花？」何等崇高的犧牲精神！看到彩虹掛在雨後的天空，看到紅葉飄過澄澈的水面，你想到了什麼，可能是纏綿的，可能是亮麗的，反照的不同，營構的文學氛圍也迥然而異。所以，少了一點陽剛之氣，並非宇宙萬物少了陽剛之氣，也並非文學本身發生什麼陰陽嬗替的轉折，而在於作家之氣，在於作家怎麼去想去寫。難道經濟的大潮、物欲的橫流，真的能將文學的陽剛之氣沖掉麼！我想，文學終將按照自身規律去運行，文學的特質無論如何是不會爲金錢所淹沒的。

1995.9

關於「豆腐乾」

　　豆腐是大衆食品。自從淮南王劉安在淮南煉丹煉出了豆腐之後，也便有了豆腐乾，可謂源遠流長，在中國稱得上家喻戶曉，其知名度當不亞於紅燒肉。

　　我在這裡要說的豆腐乾，不是食品意義上的豆腐乾，而是比喻意義上的豆腐乾。有人常把那種篇幅短小的文章稱爲「豆腐乾」，既形象又通俗，其中也略含揶揄之意，揶揄其與那些鴻篇巨製比較起來，簡直如滄海之一粟，無足掛齒，當然也便難登學術殿堂。

　　文章到底是長的好還是短的好，這是早有定論的，文不在長，亦不在短，能說出個了丑寅卯來，能言人心中之所有而筆下之所無的，應當說都爲好文章。一部長文《紅樓夢》是好文章，一部由短文章結集的《古文觀止》也是好文章，這大約是沒有什麼疑義的。有的人一輩子主要寫長文章，如曹雪芹、羅貫中、施耐庵、吳承恩等，傳世的也只有那麼一部；比較起來寫短文章的人更多，唐宋八大家都是寫短文章，蒲松齡的《聊齋志異》雖有幾大本，但都由短篇集成。魯迅有《阿Q正傳》那樣的長文章，但他震驚世人的還是他的雜文，亦即當時被稱之爲「花邊文學」的短文章。當代的大家趙超構（林放），以寫短文終其志，他的文章很少超過一千字的；鄭逸梅先生的文章每篇只有二三百字，有的幾十字，卻博雜有趣，令人回味無窮，被稱爲「補白大王」。著名學者金克木先生在他晚年時說，年輕時擔心文章寫不長，年紀大了卻擔心文章寫不短，眞是深諳作文之道的由衷之言，其中的意蘊極爲

耐人尋味。

　　人們常說現代生活節奏加快，要求開短會、說短話、發短新聞，對國粹京劇裡的程式化的東西感到厭煩，當然也希望文章寫得短些、精彩些，於是短小的文體如隨筆、雜感、雜文等等「豆腐乾」式的篇什蓬蓬勃勃，見諸各類報刊，許多小說作家、詩人，還有往常以寫濟學方面的長文章擅長的于光遠先生，都滿懷熱情地製作「豆腐乾」，讀者也對這類短文饒有興趣。由此可見，短文章「豆腐乾」的社會需要是無可否定的。

　　短文章當然不都是好文章，知名雜文家虞丹先生說短小的雜文應具備五要素：一是鋒芒，二是見解，三是文采，四是風趣，五是個性。短文章要具備了這五要素才算得上是好文章，何其難矣哉！大部頭往往要花去一個人一輩子的心血，其重要和價值自然不言自明，但大部頭同樣需要有見解有內容，空而長的文章更惹人厭惡。

　　文章只講優劣，而勿論其長短，「豆腐乾」盡管有人揶揄，照樣有它的價值和意義，也將一定綿綿不絕地存在下去，由此而對社會作出貢獻成名成家的也不少，這也是不言自明的事。

1996.7